W0067199

HANF

DAS PRAXISBUCH

LEBEN MIT DER NATUR

HORST SAGUNSKI / EVA-SUSANNE LICHTNER
CORINNA HEMBD

HANF
DAS PRAXISBUCH

LUDWIG

Inhalt

Hanf ist die wohl älteste Nutzpflanze der Menschheit. Seine vielfältigen Einsatzmöglichkeiten werden heute wieder entdeckt.

Einleitung

Eine der ältesten Nutzpflanzen der Welt erlebt eine Renaissance. Aus Hanf oder auch Cannabis stellten die Phönizier schon die Segel und Taue für ihre Schiffe her, und die Schamanen nutzten den Harz und die Blüten der Pflanze für ihre Heilkunst.

Um eines gleich vorwegzunehmen: Wir schreiben hier kein Buch über Drogen. Die vielfältige Nutzbarkeit von Hanf ist bis in unser Jahrhundert hinein zu verfolgen. Die Bandbreite reicht von Papier und Kleidung über Nahrung und Energiespender bis hin zur Verwendung in der Medizin. Ihre narkotisierende Wirkung ist es, die die Pflanze letztlich als Droge abstempelte und zur »flora non grata« – der »unwerten«, verbotenen Pflanze – machte.

Jahrtausendealtes Wissen über den Hanf als Nutzpflanze des Menschen kann wieder angewandt und erweitert werden – seit sein Anbau gesetzlich erlaubt ist.

Leider lange Zeit verboten

Warum Cannabis oder auch Marihuana (aus den Blättern und Blütenspitzen des Hanfs) in unserem Jahrhundert plötzlich verboten wurde, hat etwas mit amerikanischer Wirtschafts- und Drogenpolitik zu tun. Heute ist man sich in Wissenschaftskreisen weitgehend darüber einig, daß die Suchtgefahr und der Drogenmißbrauch durch Marihuana lange Zeit deutlich überschätzt wurden. Über dem jahrzehntelangen Verbot ist beinahe die große Nutzungsmöglichkeit der Hanfpflanze in Vergessenheit geraten – und zwar nicht als Rauschmittel, sondern in der Landwirtschaft, der Industrie und der Medizin.

Hanffasern zur Papierherstellung

Hanf war früher auch auf deutschen Feldern üblich, und seit 1996 darf er wieder angebaut werden – wenn man sich die Genehmigung dazu bei der Bundesanstalt für Landwirtschaft und Ernährung einholt (s. Seite 29). Diese Möglichkeit sollte genutzt werden, denn Hanf könnte eine Menge für unsere geschädigte Umwelt tun. Die schnell wachsende, pflegeleichte Pflanze, die keine Pestizide, also Unkrautvernichter, braucht, ist auf vielerlei Arten nutzbar.

Der ideale Rohstoff

Mittlerweile gibt es wieder Papier und die ersten Stoffe aus Hanffasern. Wie das alles hergestellt wird, die Vorteile in der Nutzung und wo Sie die Hanfprodukte beziehen können, haben wir Ihnen in diesem Buch zusammengestellt. Wichtig ist dabei zu wissen, daß der faserreiche Hanf zur Papier- und Stoffeherstellung (Cannabis sativa) einen verschwindend geringen Anteil an rauscherzeugendem Mittel, dem THC, enthält.

Große Heilerfolge mit Cannabis

Medizinisch nutzbar war und ist dagegen Cannabis indica, der Indische Hanf, der einen wesentlich höheren THC-Gehalt hat. Theoretisch dürfen deutsche Ärzte Cannabis indica verschreiben, und deutsche Apotheker dürfen es verkaufen. Vier starke Einsatzmöglichkeiten stehen dabei im Vordergrund: Marihuana senkt den Augeninnendruck (Glaukom), bessert Brechreiz (bei Krebs-Chemotherapien), wirkt entkrampfend (bei multipler Sklerose) und regt den Appetit an (hilfreich bei Aids-Patienten). Aber die heilende Wirkung von Hanf ist noch viel weitreichender. In unserem großen Praxisteil finden Sie alphabetisch aufgelistet alle Beschwerden und Krankheiten, bei denen Cannabis wirkungsvoll eingesetzt werden kann.

Guten Appetit!

An dieser großartigen Pflanze ist alles verwendbar, so auch die Hanfsamen. In der Ernährung spielen sie eine wichtige Rolle als Energiespender, die Samen sind reich an Proteinen. Zu allen Zeiten waren Hanfsamen in der häuslichen Küche bekannt und beliebt – als Suppe und Brei, Mehl für Brot oder als Öl. Diesen Genuß wollen wir Ihnen auch nicht vorenthalten. Darum haben wir einige Rezepte gesammelt und für Sie aufgeschrieben (s. Seite 107 ff.). Die Hanfsamen und auch das fertig gepreßte Öl sind im Handel erhältlich (der Adressenteil am Ende des Buches nennt Ihnen Bezugsquellen).

Hanf ist beinahe restlos verwertbar – von der Faser im Pflanzenstiel bis zu Blättern und Samen kann er wirtschaftlich optimal genutzt werden.

Beim Hanf handelt es sich um die wohl älteste Nutzpflanze der Menschheit – auch und gerade in unseren Breiten. 1970 wurde in einer auf 5500 v.Chr. datierten Vase in Eisenberg bereits Hanfsamen der Sorte Cannabis sativa entdeckt.

Die Wiederentdeckung einer alten Nutzpflanze

Der Gebrauch des Hanfes war zu dieser Zeit – so nehmen die Archäologen an – Schamanen, den damals nahezu weltweit arbeitenden Heilern, vorbehalten. Sie sollen auch schon Marihuana geraucht, beziehungsweise sich aus Haschisch einen Tee gekocht haben, um ihre seherischen und heilenden Fähigkeiten zu erweitern. Und sie verwendeten Cannabis als medizinische Therapie.

Die verschiedenen Pflanzenarten

Als Ursprungsgebiet des Hanfs gilt Zentralasien, von wo aus er sich über die ganze Welt verbreitete. Ausnahmen sind die Wüste, die Tropen und das Polargebiet. Das Besondere am Hanf ist, daß er eine genügsame Pflanze ist, die den Boden nicht auslaugt, sondern ihn auch für andere Pflanzen begünstigt und Unkraut verdrängt. Er ist äußerst robust und anspruchslos bezüglich Arbeitsaufwand und Pflege, wird kaum von Schädlingen oder Krankheiten befallen, so daß er eine ideale Nutzpflanze ist.

Etwas differenzierter sieht es bei seinen Standortansprüchen aus. Er hat aufgrund seines Massenwuchses einen hohen Wasserbedarf und einen hohen Anspruch an Nährstoffen. Er braucht daher idealerweise sogenannte Niedermoorstandorte, die nährstoffreiche, tiefgrundige Boden bieten, oder lehmige Sande und Lehmböden. Warme Sommer, in denen es häufig regnet, lassen den Hanf besonders schnell wachsen. Besonders geeignete Anbaugebiete sind in Deutschland der Norden (die Gegend um Schwerin) und im Süden das Münchner Gebiet.

Cannabis ist der lateinische Name für Hanf und in der Botanik der Oberbegriff für diese Gattung. Er gehört zur Familie der Maulbeerbaumgewächse. Es gibt drei Arten des Hanfs, die sich in Aussehen und der Qualität der Fasern, des Öls und des Harzes voneinander unterscheiden. Sie werden folglich auch in ihrer Nutzung verschieden eingesetzt.

Am gebräuchlichsten und in der Botanik üblich ist die Einteilung des Hanfs in drei Arten, die sich in Wuchs und vor allem im THC-Gehalt unterscheiden.

1. Cannabis sativa (Gewöhnlicher Hanf)

wurde 1737 von dem Botaniker Linné folgendermaßen beschrieben: Die Pflanzen werden bis zu vier Meter hoch, haben einen dicken, faserartigen Stengel, nur wenige Zweige und lockeres Laubwerk. Der Gehalt an psychoaktiven Stoffen (THC) ist sehr gering. In Deutschland darf seit April 1996 diese Sorte mit einem Rauschstoff-Gehalt von Tetrahydrocannabinol (THC) in einer Konzentration von nur maximal 0,3 % im oberen Blattdrittel wieder angebaut werden (bedarf einer Genehmigung).

2. Cannabis indica (Indischer Hanf)

beschrieb der Wissenschaftler Lamarck 1783 folgendermaßen: Die Pflanzen werden höchsten 1,2 Meter hoch, sind sehr buschig gewachsen, haben einen faserarmen Stengel, viele Zweige und ein dichtes Laubwerk. Der Gehalt an THC ist sehr hoch.

3. Cannabis ruderalis (Wilder Hanf)

wurde 1924 von Janischewsky so charakterisiert: Die Pflanzen sind eher klein (um die 60 cm), haben einen dünnen, faserigen Stengel, fast keine Zweige und ein lockeres Laubwerk mit recht großen Blättern. Diese Sorte wächst wild. Der THC-Gehalt wird weder als sehr hoch noch sehr niedrig angegeben.

Zur Harzgewinnung

Hanf wächst überall und paßt sich auch veränderten klimatischen Bedingungen leicht an. Darum ist die Pflanze weltweit verbreitet, und das schon seit Jahrtausenden. In heißen Klimazonen ist ihr Harzgehalt höher als in anderen. Das kommt daher, daß die weiblichen Pflanzen während der Befruchtungszeit an ihren Blüten einen Harz ausscheiden. Dieser Harz (aus dem das Haschisch gewonnen wird) schützt die Blüten vor zu großer Wärme und hält zugleich die Feuchtigkeit.

Der Nutzen überzeugt

Der in Deutschland jetzt wieder angebaute Hanf enthält nur 0,3 % THC. Er eignet sich aber hervorragend zur Fasergewinnung für Papier oder Stoffe.

Cannabis zu rauchen wäre also im Falle der Sorte sativa – wie sie auf deutschen Feldern nun wieder zu finden ist – eher mühsam. Denn, um sich zu berauschen, müßte man den Hanf schon kiloweise verbrauchen.

Hanf ist sehr anpassungsfähig und leicht in Anbau und Pflege (er braucht weder Dünger noch Schädlingsbekämpfungsmittel). Cannabis sativa ist die im Westen am weitesten verbreitete Hanfart, da sie sich mit ihren langen Fasern am besten zur Papier- und Stoffeherstellung eignet.

Berauschende Wirkung

Anders ist es mit den anderen beiden Sorten, insbesondere mit dem Indischen Hanf. In seinen Bestandteilen findet sich mehr THC. Das sogenannte Haschisch (oder auch »Shit«) wird aus dem Harz dieser Pflanzen gewonnen. Marihuana (auch »Gras« genannt) entsteht aus den Blüten und Blättern. Durch den psychoaktiven Stoff THC (Tetrahydrocannabinol) wird die Pflanze zur Droge im ursprünglichen Sinne, zur Heilpflanze und zum Stimulans. Denn THC hat bewußtseinserweiternde Eigenschaften.

Was löst den Rausch aus, und wie wirkt das?

Die Wirkung von Tetrahydrocannabinol (THC) in Cannabis wird so beschrieben: Bei einer Dosis von etwa 0,5 g Haschisch oder 1 g Marihuana (normaler Joint) ist mit einem etwa dreistündigen Rauschzustand zu rechnen, der ein Gefühl der Losgelöstheit mit sich bringt. Halluzinationen optischer oder akustischer Art sind bei dieser Menge nicht zu erwarten (erst bei der vier- bis fünffachen Dosis). Kiffer sprechen von einer höheren Gefühlsintensität beim Betrachten von Bildern, beim Essen, Trinken, Hören von Musik und dem Erleben von Sex. Darüber hinaus ist von vermehrtem Appetit die Rede und von einer starken Stimmungsaufhellung.

Cannabis rauchen macht »high«; der spezielle Wirkstoff in der Pflanze sorgt für Entspannung und Erweiterung des Bewußtseins.

Haschisch ist in verschiedenen Formen erhältlich - unter anderem auch als schwarzer Afghan.

Was sagt die Medizin?

Wissenschaftler sind sich einig darüber, daß es im Grunde keine tödliche Dosis Marihuana gibt. In allen Jahrhunderten, in denen Cannabis von Menschen überall auf der Welt als Rauschmittel genommen wurde, war nicht ein einziges Todesopfer zu beklagen. Was man übrigens weder von Zigaretten noch vom Alkohol sagen kann.

In allen Kulturen beliebt

Die ältesten Kulturen der Welt kannten Hanf, und ohne ihn hätten die Chinesen etwa 100 Jahre nach Christi Geburt nicht das Papier erfunden, das bis zum 19. Jahrhundert nicht aus Holz bestand. Durch diese Erfindung konnte Unwissenheit zumindest in China schon damals wirkungsvoll bekämpft werden.

Papier – sehr beständig

Für die Papierherstellung wurde die Hanffaser 100 Jahre nach Christi Geburt von den Chinesen entdeckt. Als universelle Nutzpflanze galt sie schon mehr als zweitausend Jahre zuvor.

Das Papier machte das Weitergeben von Wissen von Generation zu Generation und die Weiterentwicklung von Erfahrungen und Erkenntnissen möglich. Uralte chinesische Aufzeichnungen sind bis heute erhalten – was nicht zuletzt am Material liegt, auf dem sie festgehalten worden sind. Während nämlich holzhaltiges Papier mit Leim und Säure verarbeitet und genau durch diese Säure auch zerstört wird (Bücher aus diesem Material sind seit 1830 üblich und zerfallen in den Bibliotheken), gilt Hanfpapier als durch Verfall nahezu unzerstörbar. Um Holzpapier heute auf dieselbe Weise zu schützen, muß es einen weiteren chemischen und somit umweltbelastenden Prozeß durchlaufen.

Der ganze Nutzwert bekannt

In der chinesischen Kultur war Hanf bereits seit etwa 2700 v. Chr. bekannt – ebenso wie in Indien, dem Mittleren und Nahen Osten, Teilen Afrikas und in Europa. Man nutzte seine Faser für Textilien, das Öl zur Beleuchtung, Samen als Nahrung und wußte auch von seiner narkotisierenden Wirkung.

12

Von den Phöniziern über die Wikinger bis in unser Jahrhundert fuhren die Schiffe mit Hanfsegeln über die Meere. Die Heilkraft des Cannabis erforschten und belegten schon der griechische Arzt Galen (200 n. Chr.), später Hildegard von Bingen (12.Jh.) und Paracelsus (1493–1541).

Für die Kunst bedeutsam

Hanf diente auch Malern wie Rembrandt oder Caspar David Friedrich als Leinwand und ist der Grund dafür, daß ihre Bilder bis heute mitsamt der wunderbaren Farben erhalten sind. Auch der verarbeitete Hanf kennt nämlich so gut wie keine Feinde (in Form von Insekten), die ihn zerstören könnten. Und weil er reißfest und belastbar ist, hält er länger als viele andere Stoffe.

Als Malgrund ist Hanfleinwand besonders beständig, reißfest und nässeabweisend. Die alten Meister mischten auch ihre Farben mit Hanföl.

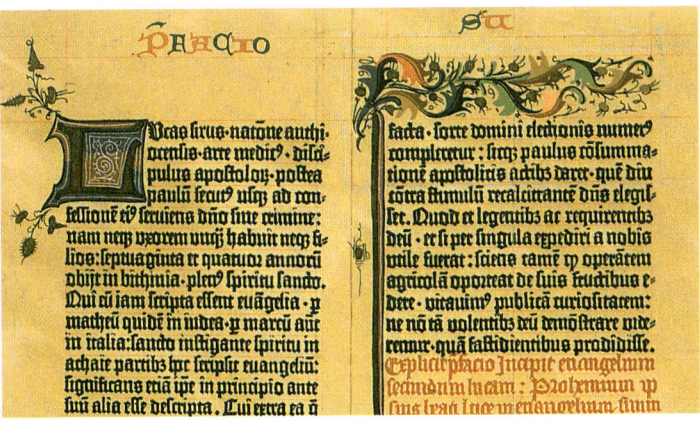

Die berühmte Gutenberg-Bibel wurde auf Hanf gedruckt – der Grund, warum ihre Seiten sich bis heute nicht zersetzt haben.

Aus fast vergessenen Zeiten

Sicher können sich einige aus der älteren Generation noch an die eine oder andere Verwendung von Hanf in ihrem Haushalt erinnern. Aber auch das Rauchen des »Krauts« oder »Knasters« soll nicht in Vergessenheit geraten. So nannten nämlich die Bauern früher die Hanfsamen und Blätter, die in der Pfeife geraucht wurden. Material gab es damals genug auf den eigenen Feldern, solange der Hanfanbau noch erlaubt und üblich war— und von einer »Droge« sprach damals niemand.

13

Die Geschichte des Hanfs in Deutschland

5500 v. Chr.
Hanfsamen werden in einer Vase
in Eisenberg (Thüringen) gelagert.

800 – 400 v. Chr.
Erste Funde von Hanftextilien (Raum Stuttgart).

ungefähr 800 n. Chr.
Röste (bisheriges Verfahren zur Lösung der Flachsfasern
aus den Pflanzen) wird nun auch bei Hanf angewandt.
Die Pflanze wird zur Rohstoffquelle (Seile, Taue,
Textilien, Segeltuch).

14. Jahrhundert
Nun werden auch Zellstoff und Papier
aus Hanf hergestellt.

16. Jahrhundert
Erste Kräuterbücher ordnen den Hanf unter Heilmittel ein.

17. Jahrhundert
Blütezeit des deutschen Hanfanbaus beginnt
(ungefähr 150 000 Hektar werden angebaut).

18. und 19. Jahrhundert
Der Anbau wird zurückgefahren auf etwa
417 Hektar (1915); die Konkurrenzstoffe Baumwolle
und Jute gewinnen den Weltmarkt.

Weltkrieg I und II
Hanf wird wieder zum einheimischen
Faserlieferanten Nr. 1.

Vor der industriellen Revolution im 19. Jahrhundert wurde Hanf in Deutschland universell eingesetzt, ebenso in den Notzeiten der beiden Weltkriege.

1920 bis 1945
In Deutschland werden modernere Faseraufschluß- und
-verarbeitungstechniken erfunden. Effekt: geringerer Preis,
breitere Anwendungsmöglichkeiten, größere Faseraus-
beute. Erstmals wird die Kotonisierung des Hanfes möglich,
und somit entsteht die Idee, daß 1 Mio. Hektar Hanfan-
baufläche Deutschland von der (vor allem aus Amerika
kommenden) Baumwolle unabhängig machen könnte.

1929
Handel und Konsum von Indischem Hanf (weniger für
Faserverarbeitung geeignet, jedoch höherer Anteil an
rauscherzeugendem THC) wird verboten.

Nach dem Zweiten Weltkrieg
Synthetische Fasern verdrängen den Hanf, dessen Anbau in
den 50er Jahren eingestellt wird.

1. 1. 1981
Die Neufassung des Betäubungsmittelgesetzes verbietet
den Hanfanbau generell – Ausnahme: zu wissenschaftlichen
Zwecken und im Rübenanbau (Hanf als Schutzstreifen, der
vor der Ernte vernichtet wird).

Zwischen 1990 und 1992
Nachdem ein bayrischer Politiker versucht, den Hanfanbau auch in der Rübenzucht verbieten zu lassen, rückt
Hanf wieder in die öffentliche Diskussion. Eine erste wissenschaftliche Untersuchung (Prof. Dambroth, FAL-Braun-
schweig) zur Variabilität des THC-Wertes im Hanf wird
in Auftrag gegeben.

Seit April 1996
Nach scheinbar endlosen Debatten wird der Anbau von
besonders THC-armem Hanf wieder erlaubt. Es mangelt jetzt
allerdings erstmal an Verarbeitungsbetrieben.

*In der Wirtschaft
wird Hanf auf allen
Gebieten verdrängt:
bei der Papierherstel-
lung von Holz, durch
synthetische Stoffe bei
Kunststoffen und in
der Pharmazie, als
Textilie endgültig
durch die Baumwolle.*

Warum der Hanf verboten wurde

Hanf begleitete Mediziner und Heiler durch die Jahrtausende. Er wurde gegen die verschiedensten Erkrankungen eingesetzt, immer wieder mit Erfolg. All das hörte Ende der 30er Jahre auf. Und zwar nicht mit einem Drogengesetz, sondern mit einer neuen Steuer. Die amerikanische Regierung erließ 1937 ein Steuergesetz, den »Marihuana-tax-act«. Das Gesetz sollte prohibitiv wirken und den Anbau und Kauf von Marihuana nicht verbieten. Statt dessen wurden eine Gewerbesteuer für den Händler und eine Erwerbssteuer für den Kauf von Marihuana festgelegt. Damit wurde Hanf zum unbezahlbaren Rohstoff und flog aus dem Wettbewerb gegen fossile Brennstoffe in der Papier- und Kunststoffherstellung.

Die große Politik

Mit Hanf wurde stets Politik gemacht. Von Karl dem Großen ist belegt, daß er um 800 n. Chr. den Hanfanbau regelrecht anordnete, vom 17. bis zum 19. Jahrhundert galt Hanf in Nordamerika als Zahlungsmittel für Steuerschulden.

Während die überall verbreitete Pflanze im 19. Jahrhundert allmählich weitgehend von der billiger zu verarbeitenden Baumwolle verdrängt wurde (neue Maschinen zur Verarbeitung der Baumwolle wurden eingesetzt), gab es im Ersten und Zweiten Weltkrieg erneut Aufforderungen, Hanf im großen Stil anzubauen.

Hilfreich in Notzeiten

»Wer Hanf heut baut mit fleiß'ger Hand hilft selbst sich und dem Vaterland!« (Zitat aus »Die lustige Hanffibel«)

In Deutschland brachte der Reichsnährstand die "Lustige Hanffibel" heraus – fast eine Art Comic, wie er bei den Nazis eher verpönt war. In Bildern und gereimten Texten wurden hier der Hanfanbau und seine Verwendungsmöglichkeiten gezeigt. Hanf fand im Krieg reichlich Verwendung (Zelte, Uniformen, Drillich, Zündschnüre, Seile und Taue). In den USA entstand 1942 der Propagandafilm »Hemp for Victory« (Hanf für den Sieg) – trotz des Gesetzes von 1937. Die amerikanischen Bauern mußten unterschreiben, den Film gesehen zu haben und erhielten Broschüren zum Hanfanbau.

16

Und wie ging es nach dem Krieg weiter?

Nach dem Ende des Zweiten Weltkriegs untersagte der Leiter der amerikanischen Drogenbehörde im Finanzministerium (FBN), Harry J. Anslinger, jegliche Forschung über Marihuana. Damit war der Pflanze der Weg in die moderne Medizin verschlossen.

Mitte der 50er Jahre schlief der Anbau endgültig ein. Die Baumwolle und das Erdöl trugen den eindeutigen, aber (wie sich später herausstellte) umweltschädigenden Sieg davon.

Rückzug aus Industrie und Pharmazie

Wie das nach dem Krieg künstlich gewonnene Penizillin ältere Naturheilmittel, zum Beispiel das australische (sehr wirksame) Teebaumöl vom Markt fegte, machten die unterschiedlichsten Ersatzstoffe dem Hanf auf beinahe jedem Sektor den Garaus.

◆ Kunststoffe aus Erdöl ersetzten den Faserzellstoff aus Hanf
◆ Lieblings-Treibstoff wurde Benzin anstatt des schon erprobten Hanf-Diesels
◆ Papier wurde bereits seit dem 19. Jahrhundert holzlastig, und die Entwicklungen zur besseren maschinellen Hanf-Fasergewinnung wurden gestoppt
◆ Im Medizinbereich setzten nach dem Zweiten Weltkrieg die Pharmaunternehmen auf synthetisch hergestellte Produkte statt auf altbewährte Kräutermedizin.

Perspektiven für den kontrollierten Anbau

Der Handel und Konsum von Indischem Hanf wurde in Deutschland bereits 1929 gesetzlich verboten.

Seit dem 1. Januar 1981 war der Anbau von Hanf ganz allgemein (jede Sorte) in Deutschland untersagt. Erst im April 1996 wurde genehmigt, zumindest den THC-armen Faserhanf, wenn auch nur mit vorheriger Genehmigung des Bundesministeriums für Landwirtschaft und Forsten, wieder anbauen zu dürfen.

Durch das ausbleibende Interesse an der Nutzung von Hanf wurden auch technische Entwicklungen von entsprechenden Maschinen verhindert.

17

Viel wird von der universellen Nutzbarkeit des Hanfs gesprochen, aber seit dem Zweiten Weltkrieg ist die Pflanze nur noch als Droge und »Mörder der Jugend« im Gespräch. Dabei gibt es keinerlei Beweise für eine tödliche Wirkung. Cannabis als Rauschmittel sollte auch nicht zu sehr im Mittelpunkt stehen, denkt man an seine heilende Wirkung. In der Ernährung spielt Hanf ebenso wie in der Kosmetik, als Bekleidung oder in der Industrie eine Rolle. Für unsere stark belastete Umwelt ist es wichtig, mit Naturprodukten zu arbeiten, die nicht das ökologische Gleichgewicht stören und optimal genutzt werden können. Hanf ist ein gutes Beispiel dafür!

Nutzung und Anwendung von Hanf

Hanf in der Herstellung

Hanf bietet ein unglaubliches Maß an Nutzungsvielfalt. Um die 20 000 verschiedene Hanfprodukte wären nach Schätzung von Cannabis-Befürwortern möglich. Und dabei ist er im Anbau extrem umweltfreundlich. Er braucht keine Pestizide, denn Unkraut vernichtet er durch starkes Blattwachstum selbst (das darunter wachsende Unkraut stirbt an Wasser- und Lichtmangel). Sogar Insektizide müssen nur ganz sparsam auf den Boden aufgebracht werden, Düngen ist nicht mehr notwendig, sobald die Pflanze wächst. Hanf entzieht dem Boden weniger Nährstoffe als andere Pflanzen und hinterläßt den Acker eher in besserem als in schlechterem Zustand.

Papier

Die seit dem 19. Jahrhundert übliche Herstellung von Papier aus Holz ist umweltzerstörend, sein Verbrauch steigt von Jahr zu Jahr. Die Ressourcen in Form von Wäldern werden immer weniger. Mit der langen Faser des Hanfs besteht aber heute wieder die Chance, an die chinesische Tradition des Papierherstellens anzuknüpfen. Übrigens ist auch die Gutenberg-Bibel auf Hanfpapier gedruckt worden.

Noch ist Hanfpapier (es gibt auch Mischungen aus Altpapier und Hanf, die billiger sind und auch keine Bäume das Leben kosten) sehr teuer. Doch wenn sich der Hanfanbau und seine Verarbeitung in Deutschland durchsetzen, könnte Hanf als Rohstoff das einzig wirkliche Umweltpapier liefern.

Hanfpapier hat den Vorteil der besseren Reißfestigkeit und Nässeabstoßung. Außerdem zersetzt es sich nicht so schnell wie holzhaltiges Papier, weil es weniger Säure enthält.

Kunststoffe aus Hanf

»Kunststoff« ist eigentlich der falsche Begriff für dieses Hanfprodukt. Es handelt sich dabei nämlich um aus der Hanf-Zellulose gewonnene Baustoffe, die aus purer Natur bestehen, extrem haltbar und biologisch abbaubar sind. Henry Ford verwendete solche Gußteile für sein 1941 entwickeltes Hanf-Auto. Industrie und Forschung haben sich jedoch seit dem Krieg nicht mehr mit diesem Hanfprodukt beschäftigt. Sein Comeback vor allem im Verpackungsbereich (Kartons, Tüten) wird aber erwartet.

19

Baumaterial

Eine große Zukunft wird dem Hanf im Bereich der Wärmeisolierung zugesagt: Schnell nachwachsender Rohstoff und geringster Verarbeitungsaufwand fördern seinen Einsatz.

Hanf ist als Dämmstoff ideal, weil er giftfrei und trotzdem sehr belastbar ist. Damit ist er sehr gut geeignet für Hartfaserplatten, Schalbretter und Preßspanplatten. Die Herstellung ist günstig, denn aus nur 0,4 Hektar Hanf kann genausoviel Zellstoff gewonnen werden wie aus 1,66 Hektar Baumbestand. Und ist der Baum erst mal abgeholzt, dauert es Jahre, bis er nachgewachsen ist, während Hanf jedes Jahr abgeerntet werden kann.

Bewährter Einsatz am Haus

Es gibt auch noch andere Möglichkeiten, Hanf im Wohnraum zu nutzen. Rohre können aus Hanf-Baustoff (eben kein synthetischer Kunststoff, der im Fall eines Brandes giftige Gase ausströmt) hergestellt werden. Stramin, die Unterseite des Teppichs, wurde früher aus Hanf gemacht und ließe sich wieder so verarbeiten, genauso wie Bodenbeläge.

Heute werden wieder Farben und Lacke aus Hanföl hergestellt, die schadstofffrei sind und keine Giftstoffe ausströmen.

Hanf im Haushalt

Polieren Sie doch einmal Ihre Holzmöbel mit naturreiner Hanf-Möbelpolitur. Auch Flecken lassen sich mit Hanf-Flekkenstiften wunderbar entfernen.

Die deutschen HanfHäuser haben ein erstes Hanf-Vollwaschpulver, »Sativa« (ohne Bleichmittel), entwickelt, das gänzlich ohne Tenside und schädliche Zusätze auskommt. Sehr bewährt hat sich auch die Hanf-Schuhcreme, die das Leder mit schnelleinziehendem Fett versorgt.

Farben und Lacke

Jahrtausendelang wurden Hanf- und Leinöl zur Herstellung von Farben und Lacken genutzt, die natürlich keine Giftstoffe ausströmten. Erst als synthetische Lacke und Farben mit Erdöl produziert werden konnten, kam Hanföl aus der Mode. Glücklicherweise benutzten Meister wie Rembrandt nicht nur Hanffarben, sondern auch Leinwände aus Hanf, die heute noch in unzähligen Museen und Galerien ihre ungewöhnliche Haltbarkeit beweisen.

Energiegewinnung

Aus Hanfabfall Energie zu gewinnen wäre eine besonders umweltfreundliche Methode, weil er rückstandsfrei verbrennt. Seit langem weiß man, daß es die Möglichkeit gibt, aus Biomasse (z.B. Kornhalme, Hanfreste, Altpapier und dergleichen) Methan, Methanol und Benzin (sogar bleifreies mit hoher Oktanzahl) herzustellen.

Hanföl wurde bis ins 19. Jahrhundert als Leuchtöl in Lampen eingesetzt, bevor es von Petroleum und Kerosin abgelöst wurde. Es könnte auch in Motoren verwendet werden, doch dazu ist es fast zu schade, weil es zugleich das wertvollste unter den Speiseölen ist.

Noch ein Vorteil der Hanfpflanze: Man kann auch ihre Reste noch nutzbringend einsetzen: Abfälle bei der Fasergewinnung geben Treibstoff, Reste aus der Ölgewinnung gutes Viehfutter.

Ernährung

Schon immer hat in den ärmsten Ländern der Welt (in denen ohnehin Cannabis angebaut wurde) Hanfsamen auf dem Speiseplan gestanden. Auch mittelalterliche Mönche aßen bis zu dreimal am Tag Hanfsamen (als Brei oder Suppe) und trugen

21

damit viel zum Protein-Haushalt ihres Körpers bei. Noch wert- und wirkungsvoller ist das Öl, das aus den THC-armen Pflanzen gepreßt wird. Es besteht zu 80 % aus essentiellen Fettsäuren. Diese gelten als besonders gesund und körperverträglich (sie lagern sich nicht in Gefäßen ab), sind sie doch verantwortlich für ein gut funktionierendes Immunsystem, Vitalität und geistige Beweglichkeit. Darüber hinaus enthält Hanföl Vitamin K und E, sowie zwei Prozent Gamma-Linolen-Säure. Innerlich und äußerlich angewendet, soll das Öl deshalb auch therapeutischen Zwecken bei Neurodermitis und anderen Hautkrankheiten dienen.

Kleidung

Als Stoff verwebt diente Hanf von alters her den Seeleuten als Material für Segel, Taue und wetterfeste Kleidung. Feinste Verarbeitungstechniken bringen auch einen »Baumwolleffekt« zustande.

Jeder kennt die Levis-Jeans-Werbung, aber nur wenige wissen, daß die ersten Nietenhosen nicht aus Baumwolle, sondern aus dem wesentlich haltbareren Hanf gemacht waren. Hanf-Stoffe fühlen sich rauh an wie Leinen, sind aber noch viel robuster. Es gibt mechanische Möglichkeiten, die Stoffe quasi »weich zu klopfen«. In seinen dicksten Qualitäten ist Hanfstoff für Gardinen und Polstermöbel verwendbar, in den leichteren Qualitäten für jede Art von Kleidung. Natürlich wird auch Nähgarn (Paketgarn ist ohnehin schon immer aus Hanf gewesen) aus Hanf gesponnen. Bei guter Verarbeitung sind die Kleidungsstücke fast unverwüstlich.

Kosmetik

Schon die alten Römer wußten, daß Hanföl gut für die Haut ist. Besonders die Frauen wandten es wegen seiner angenehmen Eigenschaften gerne an: Es ist hochwertig, zieht schnell in die Haut ein und besitzt Tiefenwirkung. Das Hanföl hat einen hohen »Verseifungsgehalt«, im chemischen Prozeß spaltet es sich in Glycerin und seine speziellen Fettsäuren. Damit ist es für die Kosmetikproduktion gut geeignet – als Seife, Lotion, Creme oder Shampoo.

Chemisch verarbeitet, ist Hanföl auch in Waschmitteln einsetzbar. Die ins Abwasser gelangende Lauge ist umweltfreundlicher als bei herkömmlichen Waschmitteln, da die Hanfbestandteile wieder abgebaut werden.

22

Mittlerweile gibt es wieder Jeans, die so wie früher aus Hanf hergestellt werden.

Verwendung in der Medizin

Wäre Cannabis nicht verboten worden – so schätzen Mediziner – könnten die Inhaltsstoffe aus Marihuana und Haschisch etwa 40 % aller Medikamente, die wesentlich teurer und aufwendiger herzustellen sind, ersetzen. Die Einsatzmöglichkeiten von Cannabis in der Medizin sind so vielfältig, daß wir diesen ein Extrakapitel gewidmet haben. Man kann dabei das Hanfsamenöl innerlich und äußerlich anwenden oder die Blätter und Blüten bzw. den Harz trinken, essen oder rauchen, was ganz allgemein zu Entspannungen führt.

Rauschmittel

Was die Griechen Herodot (450 v. Chr.) und Galen (um 200 n. Chr.) – der eine Schriftsteller, der andere Arzt – schriftlich bezeugten, war schon lange zuvor bekannt und wurde stets gerne genutzt: die berauschende Wirkung, wenn man die Blätter des Hanfs raucht oder ißt.

Den Ruf eines »Mörders der Jugend« erhielt Marihuana in den dreißiger Jahren unseres Jahrhunderts durch die großangelegte Antihanfkampagne der USA. Und die Angst vor der Drogensucht durch Marihuanarauchen hat sich bis heute hartnäckig und entgegen wissenschaftlicher Untersuchungen gehalten.

Der Umgang mit Hanf als Rauschmittel ist bei uns nach wie vor verboten. Aber das war nicht immer so: Seine heilende Wirkung wurde von Ärzten und Gelehrten jahrhundertelang geschätzt.

23

Verwertungsmöglichkeiten von Hanf

Produkt	Pflanzenteil	Verarbeitung
Papier	Fasern aus dem Stengel, bes. Cannabis sativa	Fasern werden aufgeschlossen (biologisch, chemisch oder manuell), mit Hadern und Lumpen zu Brei gerührt, entwässert und getrocknet
Kunststoff	Fasern	Zellulose, aus Fasern gewonnen, wird weiterverarbeitet. Vorteil der Naturfaser: reißfest, feuchtigkeitsbeständig; möglicher Einsatz als Verbundstoffe im Verpackungsbereich
Baumaterial	Fasern und Schäben (Abfallprodukt bei Fasergewinnung)	Als Dämmstoff: gemischt mit Kalk und Zement zu Platten gepreßt; in Reinform: hinter Verkleidung schütten
Farben und Lacke	Hanfsamen, zu Öl gepreßt	Mischung mit Leinöl möglich
Ernährung	Hanfsamen, bzw. das aus ihnen gewonnene Öl	Samen im Müsli; geröstet zum Knabbern; geschrotet als Brei; gemahlen als Mehl. Öl als Speiseöl für kalte Speisen oder für die Margarineherstellung

Bei der Hanfpflanze kann wirklich jedes Teil von der Wurzel bis in die oberste Blattspitze genutzt und verarbeitet werden, das heißt, Abfall muß nicht entstehen.

Verwertungsmöglichkeiten von Hanf

Produkt	Pflanzenteil	Verarbeitung
Rauschmittel	aus Cannabis indica: Blätter, Blüten, Harz der weibl. Pflanze	Rauchen in Pfeife oder Zigarette Kekse, Tee, alkoholische Aufgüsse
Kleidung, Stoffe	Fasern	Fasern zu Garn spinnen, damit Stoffe weben. Vorteil: Reißfestigkeit, Weichheit, Wärmespender, Haltbarkeit
Medizin	aus Cannabis indica: Blätter, Blüten, Harz der weibl. Pflanze	Rauchen, Dampf einatmen; Öl einreiben oder trinken
Kosmetik	Hanfsamenöl	Pur oder aufbereitet auftragen (Creme, Shampoo etc.)
Energiegewinnung	Hanfsamenöl; Abfälle aus Herstellung: Stengelrinde und -holz, das bei Fasergewinnung zurückbleibt (Schäben)	Durch Verbrennen Energie erzeugen. Für Kraftstoff nimmt man das Öl (auch mit Diesel zu mischen); Heizölersatz
Viehfutter	Samen; Preßrückstände aus Samen bei Ölgewinnung	Abfälle dem Futter beimischen (»Hanfkuchen«); Samen als Vogelfutter oder unter das Futter mischen

Es sind in der Regel nur wenige Verarbeitungsschritte nötig, um den Wert des Hanfs in den verschiedenen Bereichen optimal ausschöpfen zu können – manches geht sogar pur!

Mit Hanf in eine bessere Zukunft

Eine Pflanze an sich rettet nicht eine über Jahrhunderte vergiftete Umwelt. Auch Hanf ist nur so gut wie die Methoden dessen, der ihn anbaut oder bearbeitet.

Eine der ersten Bäuerinnen, die 1996 Erfahrungen mit dem Hanfanbau in Schleswig-Holstein machte, meint dazu: »Überdüngen kann man jeden Boden, jede Pflanze mit Pestiziden und Insektiziden vergiften. Aber ich werde mir doch nicht nehmen lassen, mit einer neuen, alten Pflanze einen Neuanfang zu wagen. Wir werden unseren Hanf ökologisch anbauen, nur dann macht das alles doch Sinn.«

Stoffe ohne Pestizide

Wie im Anbau, so kann man auch in der Verarbeitung des Hanfes, zum Beispiel zu Stoffen, ohne Gifte arbeiten. Werden dagegen diese durch Chemikalien weicher gemacht oder mit chemischen Farben gefärbt, ist Hanf kein besserer Stoff als alle bisher käuflichen. Die Suche nach wenig belasteter Baumwolle könnte aber aufgegeben werden, wenn Hanf biologisch angebaut und mit ökologisch abbaubaren Farben behandelt und wenn mechanische Methoden der Fasererweichung benutzt würden.

Aus Fehlern lernen

Mit dieser alten Kulturpflanze haben wir heute die Chance, einen Neubeginn nach modernen ökologischen und ökonomischen Kriterien zu starten: ohne Pestizide und ohne chemische Verarbeitung.

Bleibt zu hoffen, daß viele so denken, wenn es um das Wiederbeleben einer alten Kulturpflanze geht. Denn, werden die alten Fehler wiederholt, wird der Hanf nie sein, was er sein könnte: eine Pflanze von hohem Nutzen, deren Gebrauch die Umwelt kaum belastet. Und genau so eine Pflanze könnte unsere durch schwere Umweltschäden gefährdete Welt zum besseren wandeln. Ein Wiederbeginn mit Hanf in den USA könnte beispielsweise den Verbrauch von Pestiziden auf die Hälfte herunterfahren. Denn 50 % der in den USA angewandten Unkrautvernichter (die braucht Hanf überhaupt nicht) werden zur Zeit über die Baumwolle geblasen.

Rauschmittel zur Heilung?

Ein Joint in der Hand könnte einem Aidskranken den lebensnotwendigen Appetit zurückbringen, dem Krebskranken die Übelkeit nach einer Chemotherapie nehmen, den Schlaflosen ohne süchtig-machende Psychopharmaka einschlafen lassen und Multiple-Sklerose-Kranken Schmerzen und Verspannungen nehmen. Ganz besonders effektiv ist die Wirkung von Marihuana bei der Behandlung des Glaukoms: Cannabis senkt den Augeninnendruck und könnte so sogar Operationen vermeiden helfen.

Kaum ein Medikament ist so preiswert und einfach herzustellen wie Marihuana. Und es würde auf diese Weise auch noch etliche teure und umweltbelastend hergestellte Medikamente überflüssig machen.

Aufgeschlossenheit in der Medizin und der pharmazeutischen Forschung ist wünschenswert – hilft doch Marihuana schwerkranken Aids- oder Krebspatienten, ihre Therapien leichter zu ertragen.

Die pharmazeutische Situation

Bisher fällt Marihuana (und Haschisch) in Deutschland noch unter das Betäubungsmittelgesetz. Synthetisches Cannabinoid darf von Ärzten verschrieben und in Apotheken auch verkauft werden. Bisher ist dieses Mittel (mit Namen »Nabilon«) vom Hersteller in Deutschland jedoch noch nicht auf den Markt gebracht worden. In Großbritannien dagegen kann man es legal beziehen.

Im Gegensatz zur Baumwolle kommt der Hanfanbau praktisch ohne jeglichen Einsatz von Pestiziden aus.

27

Ökologie – das haben wir inzwischen gelernt – bedeutet immer den Rückschritt riskieren. Nicht mehr höher, weiter, schneller, sondern ruhiger und vernünftiger ist heute die Devise derjenigen, die es mit unserer Welt gut meinen. Cannabis kann helfen, diesen Weg zu gehen – wenn man diesen umweltfreundlichen Rohstoff wieder salonfähig macht.

Die rechtliche Lage

Ein Lübecker und das Bundesverfassungsgericht haben erste Schritte in die zukunftweisende Richtung unternommen. Immerhin bedeutet der Besitz einer kleinen Menge Marihuana zum Eigengebrauch nicht mehr zwingend eine Haft- oder Geldstrafe. Sogar das Bundesverfassungsgericht räumt ein, daß man Cannabis in seiner Wirkung gefährlicher eingeschätzt habe, als es ist.

Die Ausgangssituation

Grundsätzlich unterliegen Cannabis, Cannabisprodukte und Cannabinoide (natürliche oder synthetische Wirkstoffe, der bekannteste ist THC) in Deutschland den Bestimmungen des Betäubungsmittelgesetzes (BtMG). Erwerb, Handel, Durchfuhr und Besitz dieser Mittel ist strafbar und wird mit einer Freiheitsstrafe bis zu fünf Jahren oder Geldstrafe geahndet.

Den Bestimmungen des BtMG unterliegen nicht:

1. Hanfsamen
2. Hanfpflanzen, die auf Äckern als Schutzstreifen verwendet und vor der Blüte vernichtet werden
3. Verkehr mit Hanfpflanzen bzw. den Teilen, die zur Fasergewinnung nötig sind, für gewerbliche Zwecke.

Als Folge dieses letzten Punktes der Ausnahmeregelung sind also auch sämtliche Produkte aus Hanfsamen (Körner, Öl, Kosmetik) und den Fasern (wie Kleidung) wieder legal zu kaufen. Es gibt bereits einige auf Hanf spezialisierte Läden sowie Versandhäuser, von denen man vor allem Kosmetikprodukte und Textilien beziehen kann (s. Adressenteil).

Hanfanbau in der Landwirtschaft

Seit April 1996 ist der Anbau THC-armer Hanfsorten (mit geringer oder gar keiner Rauschwirkung) in Deutschland wieder erlaubt. Diese Erlaubnis entspricht dem EU-Recht und ist ausschließlich auf landwirtschaftliche Betriebe, also zur Faserhanf-Gewinnung von Sorten, deren THC-Gehalt bei maximal 0,3 Prozent liegt, beschränkt. In vielen Ländern der Europäischen Union wird Hanf in dieser Form angebaut.

Antrag stellen – Hanf säen

Landwirte, die Hanf anbauen möchten, müssen bis spätestens 15. Juni des jeweiligen Anbaujahres einen Antrag bei der Bundesanstalt für Landwirtschaft und Ernährung stellen (dort erhältlich).

In den Rechtsvorschriften der Europäischen Union sind genau die Sorten Hanfsamens aufgeführt, die in allen Mitgliedsländern auch angebaut werden dürfen. Es sind natürlich ausschließlich THC-arme Sorten.

29

Deutsche Bauern müssen einen for- mellen Antrag zum Hanfanbau stellen, der den Nachweis des Antragstellers als Landwirt erbringt sowie Proben des anzubauenden Saat- guts enthält.

Dieser Antrag muß folgende Angaben enthalten:

1. Namen und Anschrift des Erzeugers, bei juristischen Perso- nen die Angabe des gesetzlichen Vertreters
2. Mitglieds-/Katasternummer bei der Berufsgenossenschaft
3. Katasternummer, Gemarkung, Flurstück-Nummer oder Flurbezeichnung der Anbaufläche
4. Antrag auf Hanfbeihilfe (laut EU 1510,45 DM pro Hektar) oder Stillegungsausgleich
5. Die amtlichen Etiketten des verwendeten Saatgutes müssen beigefügt werden.

Der Antrag ist in dreifacher Ausführung abzugeben, die Kopien werden auf Anfrage von seiten der örtlichen Polizei oder Staatsanwaltschaft durch die Bundesanstalt für Landwirt- schaft und Ernährung zur Verfügung gestellt.

Folgendes Saatgut zertifizierter Sorten ist zugelassen:

– Carmagola	– CS
– Delta-Llosa	– Delta-405
– Felina 34	– Ferimon
– Fedrina 74	– Fedora 19
– Fibranova	– Fibrimon 24
– Fibrimon 56	– Futura

Seit April 1996 ist der Hanfanbau in Deutschland für die Landwirtschaft unter bestimmten Bedingungen wieder erlaubt.

Die medizinische Situation

Für den Bereich der Medizin und der medizinischen Forschung gilt ebenfalls das Betäubungsmittelgesetz.

Dabei sind Betäubungsmittel in drei Kategorien eingeteilt:

I   nicht verkehrsfähige

II   verkehrsfähige, aber nicht verschreibungsfähige

III   verkehrsfähige und verschreibungsfähige Betäubungsmittel.

Konkret heißt das, daß Mittel, die der Kategorie II zugeordnet sind, in Apotheken hergestellt, erworben und abgegeben werden dürfen. Hierzu gehört das natürliche Cannabinoid THC. Der Arzt darf aber nur Betäubungsmittel der Kategorie III verschreiben – im Falle des Hanfs das synthetische Cannabinoid »Nabilon«. Vom deutschen Hersteller ist es jedoch noch nicht als Arznei eingeführt worden und somit auf dem deutschen Markt nicht zu haben.

Für die Forschung zugänglich

Das Bundesinstitut für Arzneimittel und Medizinprodukte (BAM) erteilt Sondergenehmigungen für Anbau, Herstellung sowie Handel mit Cannabis. Das kann zu wissenschaftlichen oder anderen dem öffentlichen Interesse dienenden Zwecken geschehen. Es gibt jedoch aktuell nur wenige Wissenschaftler in Deutschland, die sich mit dem Einsatz von Cannabis und Cannabisprodukten in der Medizin beschäftigen.

Im deutschen Betäubungsmittelgesetz verankert, aber nur wenig genutzt: Zu Forschungszwecken ist der Umgang mit Cannabis (auch dem THC-haltigen) gestattet.

Der private Gebrauch

Das Urteil vom 9. 3. 1994

Das Bundesverfassungsgericht in Karlsruhe legt in seiner Entscheidung zum Betäubungsmittelgesetz über die Strafverfolgung fest, daß die Einfuhr, der Erwerb und der Besitz von nur geringen Mengen Betäubungsmittel zum Eigengebrauch nicht zwingend strafrechtlich verfolgt werden müssen. Die Bemes-

31

sungsgrenze ist Sache der Länder, die vom Bundesverfassungsgericht den Auftrag erhalten haben, einheitliche Regelungen zu treffen. Bisher schwanken die Mengen an Marihuana oder Haschisch, bei deren Mitführung man ohne Strafe davonkommt, in den Bundesländern zwischen 0,5 und 30 Gramm pro Person. Die Einstufung von Cannabis als Betäubungsmittel der Stufe I, also weder verkehrs- noch verschreibungsfähig (die höchste Stufe), wurde in dem Urteil nicht revidiert.

Das Bundesverfassungsgericht entschied, daß der Besitz einer geringen Menge von Cannabis nicht zwingend bestraft werden muß.

Gesetze sind kritisierbar

Zwei Gerichte, unter anderem das Landgericht Lübeck, hatten dem Bundesverfassungsgericht die Frage der Verfassungsmäßigkeit der ursprünglichen Rechtslage zu Cannabis zur Entscheidung vorgelegt – außerdem gab es eine Verfassungsbeschwerde. Den höchsten Richtern wurde vorgeworfen, das geltende Betäubungsmittelgesetz berücksichtige nicht den neuesten Forschungsstand, und die Strafandrohung sei unverhältnismäßig hoch. Es wurde dafür plädiert, Cannabis aus dem Betäubungsmittelgesetz herauszunehmen und der Gefährlichkeit von Tabak- und Alkoholkonsum gleichzustellen.

Befürworter von Hanf kritisieren, daß Hanf als Rauschmittel verboten ist, während Alkohol legal verkauft und getrunken werden darf.

32

Alkohol kontra weiche Drogen

Den Vergleich mit Nikotin lehnten die Verfassungsrichter ab, weil »Nikotin kein Betäubungsmittel ist«.

Und weiter das Bundesverfassungsgericht: »Für die unterschiedliche Behandlung von Cannabisprodukten und Alkohol sind ebenfalls gewichtige Gründe vorhanden. So ist zwar anerkannt, daß der Mißbrauch von Alkohol Gefahren sowohl für den einzelnen wie auch die Gemeinschaft mit sich bringt, die denen des Konsums von Cannabisprodukten gleichkommen oder sie sogar übertreffen. Gleichwohl ist zu beachten, daß Alkohol eine Vielzahl von Verwendungsmöglichkeiten hat, denen auf Seiten der rauscherzeugenden Bestandteile und Produkte der Cannabispflanze nichts Vergleichbares gegenübersteht. Alkoholhaltige Substanzen dienen als Lebens- und Genußmittel; in Form von Wein werden sie auch im religiösen Kult angewandt. In allen Fällen dominiert eine Verwendung des Alkohols, die nicht zu Rauschzuständen führt; seine berauschende Wirkung ist allgemein bekannt und wird durch soziale Kontrolle überwiegend vermieden. Demgegenüber steht beim Konsum von Cannabisprodukten typischerweise die Erzielung einer berauschenden Wirkung im Vordergrund. Weiterhin sieht sich der Gesetzgeber auch vor die Situation gestellt, daß er den Genuß von Alkohol wegen der herkömmlichen Konsumgewohnheit in Deutschland und im europäischen Kulturkreis nicht effektiv unterbinden kann. Artikel 3 Absatz 1 des Grundgesetzes gebietet nicht, deswegen auf das Verbot des Rauschmittels Cannabis zu verzichten.«

In ihrer Urteilsbegründung betonen die Verfassungsrichter, daß Alkohol im europäischen Kulturkreis weit verbreitet und als Genußmittel anerkannt sei. Cannabis hingegen unterstellen sie weniger die kommunikative Funktion als das Ziel, sich zu berauschen.

Legalisierung in der Diskussion

Von der Grundregel, Drogenvergehen mit Cannabis im Strafrecht zu verfolgen (d.h. die Androhung von Freiheitsstrafen anstelle des geringeren Strafmaßes einer Ordnungswidrigkeit), wollten sich die Richter nicht verabschieden, weil es weder für den Weg der Strafverfolgung noch für den der Legalisierung von Hanf eindeutige wissenschaftliche Ergebnisse gibt. Sie relativierten allerdings ihre Einschätzung der gesundheitlichen Gefahren von Cannabis, verwiesen zugleich aber auch auf mögliche negative psychische Folgen.

Was also weiter in der Diskussion ist, betrifft den freien Umgang mit Cannabis in der Medizin oder als Rauschmittel. Hierbei muß es sich natürlich um eine stärker THC-haltige Sorte handeln, da ein berauschender Effekt erzielt werden soll. Es gibt immer mehr Befürworter einer Legalisierung dieser sogenannten weichen Droge, und der Blick ins Ausland zeigt, daß die Einschätzung seiner Wirkung im Wandeln begriffen ist – Cannabis wird zunehmend toleriert.

Regeln für den Umgang

Der Kauf von sämtlichen Produkten, die aus Hanf gewonnen werden, ist bedenkenlos. Es ist dabei auch egal, ob die Pflanze THC enthalten hat und in welchen Mengen. Darum muß sich nur der Landwirt kümmern, der den Rohstoff liefert.

Was darf nun der einzelne – und was ist strafbar?
Hanfprodukte wie Seifen, Shampoo, Textilien und Lebensmittel in Form von Hanfsamenöl oder Samen als Körner zum Müsli dürfen frei hergestellt, verkauft und erworben werden. Sie müssen also keine Angst haben, wenn Ihnen jemand ein Hemd aus Faserhanf schenkt – es ist nichts Illegales daran!
Auch Hanfsamen dürfen von jedem gekauft werden, und man darf sie besitzen. Nur was man daraus macht, hat unterschiedliche Folgen.
Der Bauer, der Samen auf seinem Acker aussäen will, muß sich an die für ihn geltenden Bestimmungen halten (Antrag stellen, Samengut einreichen, Beschränkung auf bestimmte Sorten).

Privatanbau nicht gestattet

Als privater Verbraucher sollte man lieber nicht versuchen, die Samen – gleich welcher Sorte, auch wenn sie THC-arm sind – in die Erde zu stecken und Pflänzchen daraus zu ziehen. Das könnte nämlich als versuchte Aufzucht von Suchtmitteln ausgelegt werden. Allerdings gilt hier wie beim Haschischbesitz, daß das Gericht beim Anbau kleiner Mengen ein geringes Strafmaß ansetzen oder gar von einer Strafe absehen kann. Und bevor das Gericht tätig wird, muß es natürlich erst einmal zu einer polizeilichen Anzeige gekommen sein.
Wer es nicht lassen kann, und sich dennoch seine eigenen Pflänzchen ziehen will, sollte also darauf achten, nicht erwischt zu werden. Vor fremden Blicken aufs Fensterbrett kann man sich z.B. durch zusätzliche Pflanzen schützen.

34

Genuß ja – Handel nein!

Was man mit Cannabis grundsätzlich nicht darf, ist
1. ohne Erlaubnis anbauen
2. unerlaubt Handel treiben
3. unerlaubt besitzen

Wer gegen dieses Recht aus dem Betäubungsmittelgesetz verstößt, muß mit Freiheitsstrafen von bis zu fünf Jahren oder mit Geldstrafen rechnen. Seit dem »Haschischbeschluß« von 1994 (Entscheidung des Bundesverfassungsgerichts vom 9.3.1994) kann das Gericht jedoch von der Strafverfolgung absehen, wenn man nur geringe Mengen an Marihuana oder Haschisch zum Eigengebrauch mit sich führt. Nach wie vor nicht strafbar ist der Genuß von Cannabis (obwohl der Erwerb strafbar ist). Die Definition der »geringen« Menge schwankt beträchtlich in den einzelnen Bundesländern: In Hessen oder Schleswig-Holstein z. B. versteht man darunter bis zu 30 Gramm, in Hamburg etwa 20 Gramm, in Rheinland-Pfalz oder Nordrhein-Westfalen bis zu 10 Gramm, in Bayern, Sachsen oder Berlin höchstens 6 Gramm und in Mecklenburg-Vorpommern weniger als 5 Gramm.

Mit Freiheitsstrafen bis zu fünf Jahren oder mit Geldstrafe wird bestraft, wer Betäubungsmittel unerlaubt anbaut, herstellt, mit ihnen Handel treibt, einführt, ausführt, veräußert, abgibt, erwirbt oder sich in sonstiger Weise verschafft (§29 Abs.1 BtMG).

Obwohl der Handel mit Haschisch und Marihuana illegal ist, entdecken Zollfahnder immer wieder große Mengen geschmuggelter Cannabis-Produkte, wie z. B. hier im Hamburger Hafen.

35

Strafrechtliche Verfolgung nicht zwingend

Es soll aber noch einmal betont werden, daß das Gerichtsurteil nicht bedeutet, daß der Besitz von Haschisch jetzt erlaubt sei. Die Möglichkeit der strafrechtlichen Verfolgung gibt es weiterhin. Es kann jedoch von einer Strafe abgesehen bzw. ein nur geringes Strafmaß angesetzt werden. Die einzelne gerichtliche Entscheidung schließt das ganze Umfeld ein, in dem der Haschischkonsument angetroffen wurde (Vorstrafen, Autofahrer, Rotlichtbezirk).

Achtung Autofahrer

Auto fahren im Rausch ist verantwortungslos gegenüber den Mitmenschen. Genauso wie bei Alkoholkonsum ist nach Cannabisgenuß die Reaktionsfähigkeit verändert.

Vorsicht ist geboten beim Haschischrauchen und gleichzeitiger oder anschließender Autofahrt. Bei einer Polizeikontrolle wird man zwar nicht mehr unbedingt wegen Rauchens oder wegen Besitzes bestraft, aber die Führerscheinbehörden können mit Führerscheinentzug drohen. Wie bei einer Alkoholkontrolle wird geprüft, ob der Fahrzeugführer zum Zeitpunkt des Fahrens unter Drogen stand – und zwar mittels einer Urin- oder Haarprobe. Aber schon zur Sicherheit seiner Mitmenschen sollte man – genauso wie nach Alkoholkonsum – nach dem Haschischrauchen nicht noch Auto fahren wollen.

Hasch am Steuer kann Führerscheinentzug zur Folge haben.

36

Die rechtliche Situation in Österreich und in der Schweiz

Anbaurecht in Österreich

In Österreich war im Gegensatz zu Deutschland der Anbau THC-armen Hanfs schon immer erlaubt. Trotzdem schliefen die landwirtschaftlichen Aktivitäten Ende der 60er Jahre ein. Erst die EU-Förderung (10 626,66 Schilling pro Hektar Hanf in Österreich) ließ den Bauern des Alpenlandes den Hanf-anbau wieder attraktiv erscheinen. Und so wird in Österreich schon seit 1995 (bei EU-Beitritt) wieder Hanf auf den Feldern gesät. Es gibt dabei für die Landwirte keine Genehmigungs- oder gar Meldepflicht.

Illegale Berauschung

Welche Sorte man anbaut, ist den Österreichern egal, nur darf man kein »Suchtgift« daraus gewinnen.
Die österreichische »Einzige Suchtgiftkonvention« stellt – wie das deutsche Recht – Cannabis unter das Betäubungsmittelge-setz. Demnach macht sich strafbar, wer »Suchtgift in einer großen Menge erzeugt« oder besitzt. Das Strafmaß kann bis zu Freiheitsstrafen von bis zu fünf Jahren reichen, Geldstrafen sind aber üblich.

Schweizer Recht

Das Schweizer Bundesgesetz über die Betäubungsmittel regelt hier das Verbot, Cannabis indica, also THC-haltigen Indischen Hanf anzubauen, damit zu handeln oder ihn zu besitzen.
In der Schweiz gibt es einen feinen Unterschied zum deut-schen Recht. Der Gesetzestext lautet: »Der Anbau von Hanf zum Zwecke der Betäubungsmittelgewinnung ist verboten.« Liest man zwischen den Zeilen, bedeutet das wie auch in Öster-reich: Der Anbau von jeglichem Hanf ist erlaubt, wenn daraus keine Betäubungsmittel gewonnen werden. Die Genossen-schaft Hanf Plus hat deshalb Begründungen für den Anbau stark THC-haltigen Hanfes gefunden, räumt allerdings ein, daß sie damit auf Dauer nicht durchkommen wird:

In den deutschspra-chigen Nachbarlän-dern Schweiz und Österreich fällt Can-nabis auch unter das Betäubungsmittelge-setz; die Regeln für den Anbau sind jedoch freizügiger als in Deutschland.

37

Die Schweizer Genossenschaft Hanf Plus gibt eine Liste von Argumenten aus für den Anbau stark THC-haltigen Hanfs.

◆ Die Pflanzen dienen als Rohstoff für ätherische Öle (Massageöle und alkoholfreie Parfüme)

◆ Tee aus Hanfblättern

◆ Hanf als Füllung für Duftkissen (enthalten etwa 500 g reine Marihuana-Blüten, kosten zwischen 80 und 100 Mark)

◆ die neueste Variante: Haschisch-Platten als Wundverbände.

Wie heute in der Schweiz und in Österreich, war früher der Hanfanbau in Deutschland erlaubt, wie dieses Foto einer Hanfernte in Württemberg um 1910 zeigt.

38

Interessant für eidgenössische Bauern

Schuldig macht sich in all diesen Fällen nur derjenige, der das Duftkissen aufschneidet und dessen Inhalt raucht oder die Haschisch-Platten auflöst und sich oral zuführt. Da die Schweizer Bauern durch diese Möglichkeiten des Anbaus und der Verwertung ohnehin im Hanfanbau auf der Gewinnschiene produzieren, war dort die Förderung von ca. 3000 Franken pro Hektar nie von großem Interesse. Was für die Fördergelder nun wieder wichtig ist: Nur THC-armer Hanf (mit einem Gehalt bis 0,3%) wird subventioniert.

Die Schweizer bauen die Hanfsorten Felina, Fedora und Futura an.

Europaweit werden Fördergelder in der Landwirtschaft für den Hanfanbau ausgegeben; die Bedingungen unterscheiden sich von Land zu Land.

Hanfkissen gegen Asthma

Nachdem ein Schweizer Bauer THC-haltigen Hanf angebaut hatte, wurden ihm die Fördergelder der EU untersagt. Aus dem drohenden Verlustanbau schlug der Landwirt aber schließlich doch noch Profit: Er packte seine Ernte in Kissenhüllen und verkauft sie nun als Hanfkissen gegen Atembeschwerden. Der Stückpreis liegt bei ca. 100 DM, sein Verkauf und Kauf ist in der Schweiz nicht verboten, obwohl in den Kissen Stoff mit berauschender Wirkung steckt.

Weitere Informationen erteilen:

Österreichisches Hanf Institut
Dürergasse 3/4
A-1060 Wien
Tel. (0043)-1-5869441

Genossenschaft / Verein Hanf Plus
Postfach 8215
CH-8036 Zürich
Tel. (0041)-1-2721077
per E-Mail erreichbar:
Hanf Plus@Spectra Web. CH

Vom Samen zur Pflanze

Hanf ist eine sehr anpassungsfähige Pflanze und wächst beinahe überall. Am wohlsten fühlt sie sich auf leicht moorigem Boden, der ausreichend Wasser bietet, aber nicht naß ist. Hanf ist eine einjährige Pflanze, das heißt, daß sie im gleichen Jahr gesät und auch abgeerntet wird. In dieser Zeit wächst sie bis zu vier Meter hoch! Und sie braucht dabei so gut wie keine Pflege. Die Fruchtfolge (d. h. wechselnder Anbau mit anderen Pflanzen) erscheint deshalb so sinnvoll, weil Hanf nach der Ernte den Boden sehr feinporig und nahezu unkrautfrei hinterläßt. Für viele andere Pflanzen, besonders Hackfrüchte (wie Kartoffeln oder Rüben), wäre also ein wunderbares Beet bereitet.

Aussaat und Ernte

Der Boden muß im Frühjahr aufbereitet, gedüngt und gewalzt und zur Saat vorbereitet werden. Achtung vor Vögeln, denn sie lieben die Hanfsamen!

Nach nur drei Wochen schießen die kleinen Pflanzen schon aus der Erde und decken von Anfang an den Boden so gut ab, daß Unkraut weder Licht noch Wasser bekommt. Es ist also nicht notwendig, Unkrautvernichtungsmittel einzusetzen oder den Boden zusätzlich nachzudüngen. Pflegeaufwand für den Landwirt: nahezu keiner. Selbst die Probleme des Schädlingsbefalls sind bei Hanf nicht so gravierend – mögliche Schädlinge bevorzugen sogar andere Kulturpflanzen.

Trotzdem sollte man Hanf nicht über mehrere Jahre hinweg als Monokultur anbauen. Es besteht ansonsten die Gefahr, den Boden auf Dauer auszulaugen – abgesehen davon, daß ein solches Vorgehen aus ökologischen Gesichtspunkten nicht vertretbar ist.

Der Anbau von Hanf ist landwirtschaftlich äußerst unkompliziert: kaum Dünger, wenig Pflege, keine Pestizide.

Der richtige Erntezeitpunkt

Nach etwa 100 Tagen kann der Hanf geerntet werden. Bei zweigeschlechtlichen (diözischen) Pflanzen ist es schwierig, den optimalen Erntezeitpunkt zu bestimmen, da die weiblichen Pflanzen bis zu vier Wochen nach den männlichen Pflanzen erntereif sind. Die männlichen Pflanzen fallen buchstäblich um, sobald sie reif sind und erschweren damit natürlich die Ernte. Aus diesem Grund wurden bereits in den sechziger Jahren eingeschlechtliche (monözische) Hanfarten gezüchtet, bei denen die Pflanzen zu einem Zeitpunkte erntereif sind.

Der Ernteertrag liegt nach Angaben aus den Jahren 1995 und 1996 bei Klima- und Bodenbedingungen, wie sie in Deutschland vorherrschen, zwischen 2,5 und 3,3 Tonnen Hanffasern pro Hektar. Der Ernteertrag ist damit doppelt so hoch wie beim Flachs; im Vergleich mit Baumwolle sogar viermal höher. Neben den Hanffasern können gleichzeitig Samen geerntet werden (0,8 bis 1,2 Tonnen/Hektar). Baut man Hanf speziell zur Ölgewinnung an, lassen sich sogar bis zu zwei Tonnen Samen je Hektar gewinnen.

41

Die Nutzung

Im August erfolgt die Ernte der ausgewachsenen Pflanzen. Ihr Fasergehalt beträgt heute durchschnittlich 30% (früher 10%, was durch Züchtung gesteigert werden konnte). Aber auch der Rest der Pflanze kann in der Wirtschaft und Industrie genutzt werden (Schäben als Dämmstoff, Futtermittel für Tiere etc.).

In südlichen Anbaugebieten wachsen meist weichere Fasern heran. Sie werden im Textilbereich bevorzugt, während die härteren Fasern für festes Tuch wie bei Segeln benötigt werden. Weichere Fasern erhält man auch bei engerer Aussaat der Samen. Die Pflanzen haben weniger Platz, um sich zu entwickeln, und so werden die Fasern nicht so stark.

Marihuana-Ernte

Faserhanf wird je nach Sorte bei einer Länge von drei bis zu sogar sechs Metern um Mitte bis Ende August geerntet. Indischer Hanf hingegen entwickelt gerade gegen Ende seiner Wachstumsphase besonders stark seinen THC-Gehalt, so daß eine Ernte vor Ende September bis hin zum November keinen Sinn machen würde. Das entkräftet auch eines der häufigsten Argumente von Hanfanbau-Gegnern, man könne in einem erlaubten Hanffeld drogenhaltigen Hanf verstecken. Die verbotenen Pflanzen wären außerdem aus der Luft sofort auszumachen, denn sie sind deutlich kleiner als ihre THC-armen Geschwister.

Ernte maschinell

Mit normalen Mähdreschern kommt man bei der Hanfernte nicht weit, da sich die langen Fasern verwickeln.

Noch im Zweiten Weltkrieg gab es spezielle Hanfmähdrescher in Deutschland. Nachdem der Hanf aber restlos aus der Mode kam, sind diese Maschinen bisher nicht ausreichend weiterentwickelt worden. Es gibt auch kaum Verarbeitungsbetriebe, die den Mengen, wie sie die moderne Agrarkultur zustande bringt, jetzt gewachsen wären. Eine Infrastruktur für den Hanf muß in Deutschland erst wieder aufgebaut werden. Das ist zwar einerseits schade, weil es den Anbau erst in Zukunft ökonomisch gewinnträchtig macht, andererseits birgt dieser Umstand auch die Chance, Hanf von Anfang an ebenso in der Verarbeitung ökologischen Gesichtspunkten zu unterwerfen.

Anbau im kleinen

Wollte man THC-haltigen Hanf anbauen (was – wie erwähnt – ohne Genehmigung verboten ist), so wäre die Aufzucht der kleineren Pflänzchen mit langer Vegetationsphase im Haus in einer Art Treibhausatmosphäre und unter einer Pflanzenleuchte erfolgversprechend.

Als Nährboden eignet sich ebenfalls wie in der Landwirtschaft eine moorhaltige Erde, vermischt mit etwas Sand. Sie sollte im Beet oder einem angefeuchteten Tontopf locker liegen. Die Samen werden etwas vertieft eingepflanzt. Dabei reichen für einen kleinen Blumentopf schon drei Samen aus. Viel Licht, Wärme und ausreichend Feuchtigkeit lassen die Pflänzchen schnell gedeihen.

Vorsicht: Der Privatanbau von Cannabis – egal welcher Sorte – ist nicht gestattet! Der Umgang mit der Pflanze unterliegt dem Betäubungsmittelgesetz.

Heutzutage existieren kaum Ernte- und Verarbeitungsmaschinen für Hanf. Zu Beginn unseres Jahrhunderts gab es dagegen auf Hanf spezialisierte Fabriken – beispielsweise das Hanfwerk in Füssen-Immenstadt (1926).

43

Regelung in den Nachbarländern

In den Niederlanden ist das Recht des privaten Kleinanbaus anders geregelt: Jeder darf für seinen persönlichen Bedarf Hanf mit beliebigem THC-Gehalt ziehen. Man darf dabei so viel Cannabis anbauen, wie unter einer einzigen Pflanzenleuchte (und die braucht man bei den indischen Hanfsorten schon) gepflanzt werden kann. Klar, daß die zwischen 400 und 600 Mark teuren Lampen längst phantastisch ausgebaut wurden, so daß sie eine ungewöhnliche Leuchtbreite erzielen.

Solche Leuchten und das gesamte Pflanz-Equipment sind auch in Deutschland in sogenannten Headshops (gibt es in fast jeder Großstadt) erhältlich. Auch die Samen kann man hier legal kaufen.

Vom deutschen Gesetz her ist es allerdings nicht erlaubt, Samen, Pflanzenkübel und Pflanzenleuchte zusammenzubringen und eine kleine private Aufzucht daraus zu machen. Auch wer versichert, das Zeug niemals rauchen zu wollen, handelt illegal und macht sich strafbar.

Unterschiede in der Aufzucht

Bei der Aufzucht macht es einen großen Unterschied, ob es sich um Cannabis sativa oder indica handelt. Der THC-haltige Indische Hanf braucht viel Wärme, Licht und Feuchtigkeit.

Wer beide Hanfsorten (also sativa und indica) nebeneinander pflanzte, würde feststellen, daß die Sorte sativa ungeheuer einfach zu pflanzen ist, während der Indische Hanf es einem nicht ganz so leicht macht.

Den Hanfsamen ohne THC-Gehalt kann man einfach in die Erde eines Blumentopfes stecken. Indische Hanfsamen gedeihen besser, wenn sie auf einem Wattebett bei warmer Feuchtigkeit vorgezogen werden.

Dann kommen die kleinen Stecklinge etwa drei bis fünf Zentimeter tief in die Erde. Wichtig ist, daß relativ viel Erde vorhanden ist, denn Hanf entwickelt sehr tiefe Wurzeln. Je nach Sorte können die Pflanzen (darüber weiß der Händler Genaueres) später, wenn sie etwa zehn Zentimeter hoch sind, nach draußen gepflanzt werden. Dort sollten sie, wie auch im Blumentopf, feucht gehalten werden (aber nie voll in Wasser stehenlassen).

Will man gleich mit der Saat im Garten beginnen, muß der Boden im Herbst zuvor schon aufbereitet werden.

Was man mit den Selbstgezogenen machen kann

Eine Ernte der Pflanzen zum Rauchen ist möglich, aber in Deutschland verboten. Rauscherzeugende Wirkung haben auch nur die Pflänzchen der Sorte indica, die einen spürbaren Anteil THC hat.

Die Blätter können auch zum Kochen oder zum Trinken als Teeaufguß verwendet werden. Hat man genügend Blätter, kann man auch ein Hanfkissen erstellen. Es dient der besseren Atmung und hilft zum Beispiel bei Asthma.

Wenn die Pflanze wieder Samen bildet, kann man diese natürlich auch ernten. Rezepte und Erläuterungen zur weiteren Verwendung finden Sie in den entsprechenden Kapiteln dieses Buches.

THC-haltige Produkte sind psychoaktiv, ihre Wirkungsweise und -dauer sind individuell sehr verschieden; sie hängen von Zubereitung, Menge sowie natürlich von der körperlichen Verfassung des Konsumenten ab. Deshalb sollte man mit solchen Produkten behutsam umgehen. Für Kinder sind sie selbstverständlich tabu! Auch darf man sie niemandem ohne sein Wissen z. B. als Mahlzeit unterschieben. Vor gleichzeitigem Genuß von Alkohol sei gewarnt!

Cannabis zu kochen, zu trinken (auch zu rauchen) ist nicht strafbar – man darf es aber nicht unerlaubt anbauen und auch nicht an Dritte weitergeben.

Die Anbauregelungen in den Niederlanden sind viel großzügiger als in Deutschland.

Bis 1932 konnten Deutsche Haschisch und Marihuana (übrigens auch Opium oder Heroin gegen Husten) frei in der Apotheke kaufen. Es galt als eine Art auf dem Feld gezogenes Aspirin (entzündungshemmend, schmerzstillend). Und es wurde in einer Werbung von 1900 beispielsweise als bestes Mittel gegen Hühneraugen, Warzen und Hornhaut (Tinktur) empfohlen. Dann wurde Cannabis verboten, und damit wurde fortan die wissenschaftliche Forschung auf Eis gelegt. Auch

Hanf als Heilmittel

heute ist es theoretisch möglich, medizinische und pharmakologische Produkte aus den verschiedenen Pflanzenteilen des Hanfs herzustellen. Doch das Wissen über Inhaltsstoffe und deren Wirkung, Anwendungsgebiete und die positiven Effekte bei schwersten Krankheiten (Aids, Krebs, MS, Epilepsie) muß erst wieder aufleben und den neuen Forschungsmethoden angepaßt werden. Erste Versuche in diese Richtung zeigen, daß die Verwendung von Cannabis indica als Heilmittel seit Jahrtausenden gerechtfertigt war.

Pflanzenteile und ihre Verwendung

Der Rauschzustand

Der Beginn des Hanfs in der Heilkunst war die Entdeckung seiner Rauschwirkung. Die Schamanen, die als die wohl ältesten Heiler gelten, suchten in der Natur nach brauchbaren Mitteln, um sich in den für ihre Heilkräfte nötigen Rauschzustand versetzen zu können. Er wird erzeugt durch das Rauchen der Blüten und Blätter oder des Harzes der weiblichen Pflanzen von Cannabis indica. Marihuana oder Haschisch waren eine der ersten Betäubungsmittel und wurden zur Schmerzlinderung noch bis ins 20. Jahrhundert eingesetzt.

Das Destillat

»Hanfkrautwasser«, wie die Alchimisten der Antike und des Mittelalters das Destillat nannten, wird aus den Blütenständen des Hanfs gewonnen. Man nimmt die noch jungen, grünen Dolden, hackt sie klein und destilliert sie. Auf Stirn und Schläfen aufgetragen, wurde das Wasser gegen Kopfschmerzen verwendet. In Hanfdestillat getränkte Tücher können am ganzen Körper aufgelegt werden zur Kühlung und Beruhigung.

Blüten

Außer zum Genußrauchen oder als Destillat werden die Blüten auch gegen Blähungen und Menstruationsbeschwerden (besonders in der chinesischen Heilkunst) eingesetzt.

Harz

Harz, also Haschisch, wird in der alten chinesischen Heilkunst schon als Nervenmittel eingesetzt, ebenso wie in der ayurvedischen Medizin. Hier verwenden die Ärzte den Harz auch gegen Tripper, Malaria, Kopfschmerzen und Migräne sowie bei schlechter Verdauung oder Erbrechen (Haschischrauchen).
Das Harz wird von Drüsenhaaren auf der Pflanze ausgeschieden. Diese Härchen finden sich vor allem um die Blütenstände weiblicher Pflanzen, aber auch an ihren Blättern und Stengeln.

Alle Teile der Pflanze, vom Stengel bis zum Harz der Blüten, sind durch unterschiedliche Aufbereitungen in der Heilkunst schon immer eingesetzt worden.

Als Heilmittel wird die weibliche Hanfpflanze genutzt.

Drüsenhaare an Blüten, Blättern und Stengeln sondern Harz (Haschisch) ab.

Die Blüten werden geraucht oder als Destillat eingesetzt.

Aus Blättern bereitet man Tee oder eine Paste.

Der Stengel enthält wenig THC und kann roh gegessen werden.

Aus den Wurzeln bereitet man ein Dekokt.

Blätter

Die Blätter des Hanfs können frisch geerntet oder getrocknet verwendet und sowohl äußerlich wie innerlich angewendet werden.

Bei Durchfall, Schlafstörungen und Störungen der Menstruation werden Hanfblätter in der ayurvedischen Medizin als Tee verabreicht. Eine Paste aus Hanfblättern wird zur äußeren Anwendung bei Furunkeln und Tumoren eingesetzt, Trockenpulver hilft bei Juckreiz und nässenden Wunden. Den Saft der Blätter kann man in die Kopfhaut gegen Schuppen und Läuse einmassieren, und aufgestrichener Hanfbrei wirkt gegen Hämorrhoiden und Augenleiden.

Samen

Die ölhaltigen, proteinreichen Samen des Hanfs unterstützen die gesunde Ernährung. Samen können verwendet werden als Mehl, Brei, im Müsli oder gepreßt als Öl. Essentielle Fette sind wichtig für das Immunsystem, geben der Haut und den Haaren ein gesundes Aussehen und reinigen die Arterien.

Samen helfen gegen Blähungen, aufgekocht mit Milch gegen trockenen Husten. Eine Emulsion aus Samenöl reicht man bei aufsteigender Gelbsucht oder Koliken (Galle!), gegen Verstopfung und zur Blutgerinnung (Kräuterbuch des 17. Jahrhunderts, England).

In der chinesischen Heilkunst werden Hanfsamen zerstoßen (also pulverisiert) und, als Tee aufgegossen, ebenfalls gegen trockenen Husten gereicht.

Wurzeln

Das Dekokt (Aufguß mit zehnfacher Gewichtsmenge Wasser) aus den Hanfwurzeln wurde gegen Kopfschmerzen und Entzündungen im Kopfbereich angewandt (Kräuterbuch des 17. Jahrhunderts, England) und gegen Gliederschmerzen (Deutschland, 16. Jahrhundert).

Am wenigsten Anwendung in der Heilkunst finden Wurzeln und Stengel des Hanfs. Hier ist die berauschende Wirkung zu vernachlässigen.

Pflanzenstiel

Selbst der Stiel des Hanfs, der sehr wenig THC (also berauschendes Mittel) enthält, wird zumindest in der alten chinesischen Heilkunst als entwässerndes und harntreibendes Medikament gereicht.

Die Vielfalt der Heil- und Rauschpflanze

Drei in Indien und besonders in der ayurvedischen Medizin benutzte Hanfzubereitungen sind üblich:

Bhang enthält am wenigsten Wirkstoffe, genutzt werden die Blätter, Samen und Stengel des Hanfs

Ganja aus frischen oder getrockneten weiblichen Blüten, mit etwa der dreifachen Menge Rauschmittel wie bei Bhang

Charas, auch Haschisch oder Harz genannt, enthält mit ca. 40% den größten Anteil an Wirkstoffen.

Alle drei Produkte können geraucht, getrunken oder gegessen werden.

Therapeutische Wirkung von Cannabis

Das Geheimnis heißt THC

Nicht wichtig für Schamanen und die alten Chinesen, aber bedeutend für die moderne Forschung: Man weiß nun, daß der Wirkstoff THC den Rausch auslöst.

Der Wirkstoff im Hanf, der den berauschenden Zustand hervorruft und der auch maßgeblich ist für die Heilkraft der Pflanze, heißt Tetrahydrocannabinol, THC. Das Cannabinoid wurde erstmals 1964 isoliert, von Dr. R. Mechoulan an der Universität Tel Aviv. Vorher wußte man durch Ausprobieren und tradierte Heilerfahrungen, welcher Teil der Pflanze gegen welche Krankheiten wirksam einzusetzen war.

Mit dem neuen Wissen über den Wirkstoff THC konnte man nun auch erforschen, welche Prozesse bei der Einnahme im menschlichen Körper in Gang gesetzt werden und wie das Rauschmittel eigentlich wirkt. Das Cannabinoid kann seither auch künstlich hergestellt werden und findet sich in einigen Medikamenten wieder (in Deutschland nicht erhältlich).

THC (Tetrahydrocannabinol) erzeugt die berauschende Wirkung in einigen Sorten von Hanf.

50

Empfänglich für Cannabinoide

Wie sich in weiterer Untersuchungen 1990 herausstellte, haben wir in unserem Gehirn Rezeptoren, die auf Cannabinoide ansprechen. Diese Empfänglichkeit für den Wirkstoff läßt darauf schließen, daß unser Körper selbst auch Cannabinoide erzeugen kann. Der erste, 1992 entdeckte Neurotransmitter (Stoff, der Reiz überträgt, bekanntester ist Adrenalin) wurde »Anandamid« genannt, nach dem Begriff im Sanskrit für »Seligkeit«.

Praktische Anwendung in der Medizin heute

In Anlehnung an die Heilkunst der alten Völker und Anwendungen, die bis heute in verschiedenen Regionen durchgeführt werden, haben wir den folgenden praktischen Teil für den therapeutischen Einsatz von Cannabisprodukten zusammengestellt.

Sobald der Zugang zu Cannabis sowohl rechtlich als auch vom wissenschaftlichen Interesse wieder hergestellt ist, könnte er vermehrt wieder als Medikament eingesetzt werden, mit dem Vorteil, daß Cannabisprodukte sehr wenige Nebenwirkungen haben. Als Hausmittel könnte Hanf – wie früher auch schon – vor allem zur Schmerzlinderung, Entspannung und Entkrampfung, zur Appetitanregung und Lockerung und Öffnung der Atemwege erfolgreich genutzt werden.

Jahrhundertealtes Wissen über Heilkräfte der Natur sollte nicht verlorengehen. Wenn auch die moderne Medizin und Forschung die heilende Wirkung von Cannabis bestätigt, kann vielen Kranken auf natürliche Weise und ohne schädliche Nebenwirkungen geholfen werden.

Aids

Cannabis ist sicher kein Mittel gegen Aids, aber einige Symptome, die bei dieser Immunkrankheit auftreten, können gemildert werden. Cannabiskonsum wirkt sich bei den Patienten positiv auf ihren Appetit aus, vermindert depressive Stimmungen und Übelkeit oder Erbrechen. Die Deutsche Aids-Hilfe e.V. setzt sich stark für den legalen Gebrauch von Cannabis als Therapeutikum ein. 1995 fand in Berlin gemeinsam mit der Ärztekammer Berlin eine Fachtagung mit dem Titel »Medizinischer Gebrauch von Cannabis« statt. Aus Ländern der EU sind Fälle bekannt, in denen die Verwendung von Cannabis bei Aids-Patienten geduldet wurde.

51

Asthma

In den USA wurde wissenschaftlich bestätigt, daß der pure Rauch eines Marihuana-Joints bronchienerweiternde Wirkung hat. Das heißt, ein Stoß THC aus dem Aerosol würde genauso gut helfen, wäre aber wesentlich preiswerter herzustellen als bisherige Asthma-Sprays, und wäre für den Organismus des Asthmatikers weit weniger belastend. Aus Mexiko ist ein Rezept für Asthmatiker bekannt: Man raucht 2 Teile Marihuana, gemischt mit 1 Teil Zimtrinde gegen die Atemnot.

Aphrodisiakum / Impotenz

Bewußtseinserweiterung, Entspannung und Steigerung der Gefühlsintensität sind beste Voraussetzungen für viel Spaß beim Sex. Diese Wirkung wird durch Rauchen (oder Essen oder Trinken) von Marihuana oder Haschisch erzeugt.

Im tantrischen Buddhismus wurden psychoaktive Hanfgetränke etwa 1 1/2 Stunden vor der körperlichen Vereinigung von Tempeldienerinnen und Mönchen eingenommen. Heutige Kiffer-Erfahrungen bestätigen die luststeigernde Wirkung des Marihuanas.

Gegen echte Impotenz ist aber wohl kein Kraut gewachsen – und selbst Hanf wird nicht helfen können.

Atemwegserkrankungen

Cannabisdampf läßt Schleimhäute abschwellen; die Nase wird wieder frei, die Bronchien beruhigen sich, und man kann besser durchatmen.

Hanf lindert die Beschwerden und die Schmerzen bei Bronchitis, auch bei Keuchhusten, trockenem Husten, Schnupfen, Polypen und Tuberkulose; selbst bei Asthma hat er einen wohltuenden Einfluß (siehe oben).

Der Wirkstoff THC erweitert die Bronchien, läßt sie abschwellen und fördert die Entspannung bei krampfartigen Hustenanfällen. In diesem Fall empfiehlt sich sogar das Rauchen eher als ein THC-Spray oder eine orale Anwendung, denn in Zusammenhang mit Tabak wirkt Marihuana besser.

Zerstoßene Hanfsamen als Teeaufguß oder in Milch gekocht werden von alters her gegen trockenen Husten gereicht.

Die schleimhautabschwellende Wirkung von Cannabis machten sich die meisten und auch die ältesten Kulturen der Welt zunutze. So hilft Cannabis auch bei Schnupfen, die gereizten Schleimhäute wieder abschwellen zu lassen.

Zigaretten aus Hanfkraut täglich geraucht, sollen sogar Nasen-polypen vertreiben – behaupten die Kambodschaner, bei denen Hanf in jeglicher Form (Arzneimittel, Joints, Tees, Suppen) noch heute erlaubt ist und fast zum guten Ton gehört. Wissenschaftliche Beweise hierfür gibt es leider nicht.

Symptomlindernd ist der Einsatz von Joints auch bei Tuberkulose-Kranken wegen seiner bronchienerweiternden und appetitanregenden Wirkung. Tuberkulose tritt heute glücklicherweise nur noch selten auf. Die Krankheit ist meldepflichtig.

Blut

Blutarmut

In der ayurvedischen Medizin wird Haschisch (also der Harz des Hanfs) seit Jahrhunderten gegen Anämie (Blutarmut) eingesetzt.

Blutgerinnung

In den Cannabis-Samen und im Hanföl ist Vitamin K enthalten, das blutstillend wirkt, aber eigentlich in den notwendigen Portionen in der Darmflora jedes Menschen täglich gebildet wird. Das könnte aber die blutstillende Wirkung von Hanf erklären. Ob es auch bei Nasenbluten hilft, ist nicht erwiesen. Marihuana-Blüten, vermischt mit Alkohol (Rum, etc.), verordnen die Curanderos, die mexikanischen Volksheiler, dreimal täglich gegen Blutungen.

Hanf kann bei verschiedenen Beschwerden eingesetzt werden – er kann nicht immer heilen, aber zumindest Symptome lindern.

Blutvergiftung

In Rhodesien (Afrika) wurden Blutvergiftungen mit Hanfblüten (hier »Dagga« genannt), die in überdimensionalen Wasserpfeifen geraucht wurden, bekämpft. Ob das wirklich geholfen hat oder die Menschen dann »ganz entspannt im Rausch« gestorben sind, ist unklar.

Gegen Blutvergiftung sollen auch Hanfsamen helfen, wie man aus Südostasien weiß. Getrocknet oder geröstet reicht man sie in Vietnam den Patienten.

53

Depression

Die Wirksamkeit von Cannabis bei Depression ist wissenschaftlich noch nicht eindeutig bewiesen. Das liegt aber an den vielfältigen Formen dieser Krankheit, für die Cannabis womöglich nicht immer passend einzusetzen ist.

Akute Depressionen gelten als etwas leichter zu heilen als die chronische Form. Hanfprodukte mit THC (also besonders Haschisch oder Marihuana, geraucht, gegessen oder getrunken) können helfen, die Symptome einer Depression zu beseitigen. Bei einer chronischen Depression müssen vor allem auch die psychischen Ursachen für die Erkrankung gefunden werden, hier reicht die symptomatische Behandlung allein nicht mehr aus.

Die stimmungsaufhellende Wirkung des Cannabis kannten und kennen die Schamanen, die Afrikaner, die Tibeter, die Rastafari und unzählige Kiffer, die davon berichten können. Russen und Mongolen, deren medizinisches Wissen auf die Skythen zurückgeht, benutzen ihren Cannabis ruderalis sogar bei schwerer Trauer. Ob als Tee, in der Wasserpfeife oder als Joint – viele Kulturen behandelten von alters her Schwermut mit Marihuana.

Entzug von Suchtmitteln

Alkoholismus

In der ayurvedischen Medizin (die auch heute noch in Indien, Nepal, sogar in der Schweiz praktiziert wird) wird aus Hanfsamen, Marihuana, Haschisch (also aus fast allen Bestandteilen des Indischen Hanfs) eine Mischung zu Tee verarbeitet oder mit Butterschmalz vermengt, die Alkoholikern helfen soll, ihre Sucht leichter (Rausch ohne gesundheitliche Nachwirkungen) zu bekämpfen.

Amphetaminsucht

Seit mehr als 20 Jahren wird THC in der Schulmedizin als Mittel zum Entzug bei Amphetaminabhängigen erforscht und verwendet. Amphetamine (heißen auch Weckamine, Weckmittel) sind stimulierende Kreislaufmittel mit stark erregender Wirkung, die bei Mißbrauch psychisch und körperlich abhängig machen.

In der Medizin werden sie bei Schlafsucht und speziellen Bewegungsstörungen im Kindesalter eingesetzt.

Beruhigungsmittelsucht

Beim Entzug ließe sich mit Hilfe von Marihuana eine Beruhigung der Patienten erreichen. Diese Erfahrung wurde schon
in der brasilianischen Volksmedizin gesammelt. Dort wurden
beispielsweise eine Handvoll Marihuanablüten in zwei Litern
weißem Rum zwei Wochen lang eingelegt und dann später mitsamt den Blüten getrunken, um sich zu entspannen.

Heroinsucht

Entspannend und entkrampfend kann Marihuana bei Süchti-
gen, die vom Heroin loskommen wollen, wirken. Vor den inter-
nationalen Verboten wurde es auch von Schulmedizinern eingesetzt, heute wird es in diesem Bereich als reines THC wieder
ausprobiert. Wissenschaftliche Untersuchungen stehen noch
aus.

Schlafmittelsucht

In fast allen Kulturen wurde Marihuana als Schlafmittel,
manchmal sogar als Anästhetikum (Betäubungsmittel) eingesetzt. Im Gegensatz zu Psychopharmaka gibt es bei Marihuana
weder einen Sucheffekt noch schädliche Nebenwirkungen.
THC könnte also eine echte Alternative zu den heutigen
Schlafmitteln sein, die fast alle abhängig machen.

Epilepsie

Das Cannabinoid THC und die rauschmittelfreie Säure CBD
im Hanf sind für seine antiepileptische Wirkung zuständig.
Der typische Krampfzustand eines Epilepsiekranken wird bei
Einnahme des Medikaments herausgezögert.
Die Tatsache, daß Marihuana entkrampfend und beruhigend
wirkt, spricht dafür, daß weitere Forschungen über THC und
Epilepsie sinnvoll wären.

Erkältung/ Grippe

Dagga – wie Marihuana in Schwarzafrika genannt wird – wird
von den Zulu schon seit langem auch gegen Erkältungskrank-
heiten, meistens als Tee, angewandt. Man übergießt die
gepflückten Blüten mit heißem Wasser und läßt sie etwas ziehen.

*Neuere Forschungen
über den Einsatz von
Cannabis zum Opiat-
entzug bei Abhängi-
gen schließen sich den
traditionellen Er-
kenntnissen an.
Jedoch ist Methadon
bei uns heute als
Ersatzdroge stärker
im Gespräch als
Hasch.*

Schmerzlindernd (für Kopf und Glieder) und bronchienerweiternd, ist der Genuß einer Marihuanazigarette ein angenehmes Mittel gegen Grippe. Hierzulande wird Grippe gern mit Kodein behandelt. THC hat wissenschaftlich nachgewiesen eine ähnlich gute Wirkung – ohne jedoch den Körper zu belasten.

Alkoholische Extrakte aus Hanfblüten, beispielsweise mit Rum oder Tequila und Zucker, wenden die mexikanischen Volksmediziner auch gegen Fieber an.

Frauenheilkunde

Zu Anwendungen von Cannabis in der Schwangerschaft gibt es wenig wissenschaftliches Material, da die Forschung hier sehr zurückhaltend ist. Schwangere sollten zur Sicherheit lieber verzichten.

Die entkrampfende Wirkung des Hanfs legt es nahe, seine Blüten (Marihuana) und sein Harz (Haschisch) geraucht oder getrunken bei folgenden Problemen einzusetzen: Krämpfe, zu starke Blutungen, Menstruationsstörungen. Besonders in Brasilien werden Hanfblätter in Wasser erhitzt und gegen diese Beschwerden getrunken.

Die Chinesen waren davon überzeugt, daß Cannabis, als Tee angewendet, auch gegen Ausfluß hilft, weil er Schleimhautreizungen lindere.

Die krampflösende und schmerzstillende Wirkung von Hanf ist nachgewiesen.

Marihuana bei der Entbindung

Im alten Orient, Schwarzafrika, China, Südostasien und Tibet wurde schon immer der Rauch oder ein Tee aus Marihuana während der Entbindung, bei Komplikationen, sogar gegen Wochenbett-Krankheiten empfohlen. Dabei wird die schmerzhemmende, krampflösende und stimmungsaufhellende Wirkung des THC geschätzt. Ein Joint im Kreißsaal würde hierzulande sicher Aufsehen erregen. Frauen, die es bei Hausgeburten ausprobiert haben, schwören aber darauf. Inwieweit das Baby dabei in Mitleidenschaft gezogen werden kann, hat bisher noch keine Forschung herausgefunden. In Kambodscha steht Marihuana (dort Kancha genannt) sogar im Ruf, nach der Geburt das Einschießen der Milch zu erleichtern.

Gelbsucht/Hepatitis

Haschisch als Tee oder in Butterschmalz gelöst empfiehlt die ayurvedische Medizin bei Gelbsucht. Es ist wohl die appetitanregende Wirkung, die bei dieser mit der Leber zusammenhängenden Viruserkrankung dem Kranken weiterhilft.

Die tibetische Medizin wandte Hanf besonders gern bei Lebererkrankungen an. Sie gehören nach Vorstellung der alten tibetischen Heilkunst dem Bereich der »pitta« (der Galle zugehörig) an; Hanf ist eine »pittala-Medizin«. Noch heute spielt THC bei Medikamenten, die auf die Leber wirken, in Tibet eine große Rolle.

Cannabis wirkt besonders gut auf bestimmte Nebenerscheinungen von Krankheiten. So ist die appetitanregende Wirkung unbestritten, die bei Gelbsucht, Aids und Krebs Hilfe bietet.

Glaukom

Das Glaukom ist eine Augenkrankheit (»Grüner Star«), die durch erhöhten Augeninnendruck ausgelöst wird. Sie läßt sich erwiesenermaßen sehr gut mit THC medikamentieren. In den USA gibt es mit Canasol ein Mittel, das THC-haltig ist. Im April 1992 wurde amerikanischen Ärzten von der Drogenbehörde verboten, Marihuana oder THC-haltige Medikamente zu verschreiben. Damit endeten auch die Sondergenehmigungen für Glaukom-Kranke.

In Deutschland ist THC zur Behandlung solcher Krankheiten zwar zu bekommen, doch eher ungebräuchlich. Ein Marihuana-Joint bewirkt genauso wie ein oral eingenommenes Präparat, daß sich der Augeninnendruck senkt.

Gonorrhöe/Tripper

Ayurveda lehrt: Die Blüten und die Blütenstände werden getrocknet und zu Staub verrieben und dann im Tee oder in Butterschmalz aufgelöst auch gegen Tripper innerlich angewendet. Delutionen von Hanf werden auch in der Homöopathie gegen diese Geschlechtskrankheit empfohlen.

Haare und Kopfhaut

Einen Saft aus frischgepreßten Hanfblättern kann man in die Kopfhaut einmassieren. Er wirkt gegen Schuppen und auch gegen Kopfläuse. Wer den Saft selbst herstellen will, sollte bedenken, daß man zum Auspressen sehr viele Blätter benötigt.

Der Einsatz von Cannabis bei Haarerkrankungen hat Eingang in die Kosmetik gefunden. Haarshampoos aus Hanfsamenöl regen die Kopfhaut an und verleihen dem Haar schöneres Aussehen.

Haarausfall und Schuppen plagen die Menschheit nicht nur in unseren Zeiten – auch unsere Vorfahren litten offensichtlich darunter.

Die Volksmedizin des 18. und 19. Jahrhunderts hat sich diesen Problemen mit großer Intensität zugewandt. Zwei Rezepte sind überliefert:

1. Pomade für den Haarwuchs: Hanfsamenöl, Hühnerfett und Honig werden in gleich großen Teilen in einem Topf erhitzt und solange verrührt, bis Pomade entsteht, die dann acht Tage hintereinander angewandt werden soll.

2. Mittel, das Haare gesunden und wieder wachsen läßt: Man nehme jeweils zwei Handvoll Hanfwurzel, Wurzeln des weißen Weinstocks und zarte Kohlstrünke. Das alles wird getrocknet und dann verbrannt. Aus der Asche wird dann mit Wasser eine Lauge gewonnen, die mit Honig alle zwei Tage vor dem Haarewaschen in den Kopf massiert wird. Und zwar jeweils dreimal.

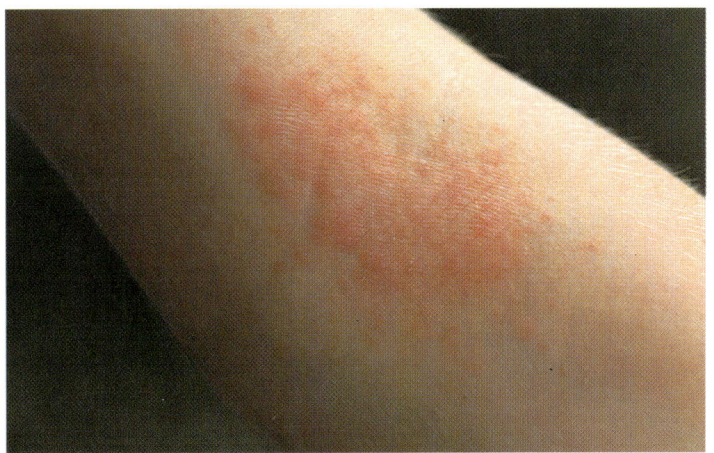

*Hanfprodukte, beson-
ders Hanföl, lindern
Juckreiz und können
sogar bei Neurodermi-
tis eingesetzt werden.*

Hämorrhoiden

Gegen Hämorrhoiden kann man einen Blätterbrei aus Hanf
äußerlich auf die Geschwüre auftragen. Aus der tibetischen
Medizin ist ein Präparat aus mehreren Pflanzenstoffen und
Moschus bekannt, das entweder, in heißem Wasser verdünnt,
nüchtern getrunken wird oder als Klistier verwendet werden
kann.

Hauterkrankungen

Hanfprodukte wirken innerlich und äußerlich bei Hauter-
krankungen. Sie helfen vor allem gegen den Juckreiz und können auch bei Neurodermitis eingesetzt werden.

Aus Moschus, Cannabis und anderen Pflanzen (Embelia ribes,
Allium sativum, Butea frondosa, Iris ensata, Artemisia nestita)
gewinnen die Tibeter eine Salbe, die quälenden Juckreiz behe-
ben soll.

Für die innere Anwendung eignet sich in erster Linie das Rauchen von Marihuana. Die Tibeter bekämpften auch mit Indischem Hanf, einer Kräutermischung und Erdpech (2-3 g in
heißem Wasser aufgelöst und nachts eingenommen) Entzün-
dungsherde wie Abszesse oder Furunkel. Ihre Behandlung ist
auch äußerlich möglich: mit einer Paste aus Hanfblättern oder
einem Brei aus Hanfsamen.

*Sowohl das Rauchen
von Hasch oder
Marihuana als auch
Anwendungen mit
Hanfsamenöl führen
erwiesenermaßen zu
einer deutlichen Bes-
serung von Entzün-
dungen der Haut.*

59

Hanföl eignet sich hervorragend zur Herstellung von Salben gegen Hautkrankheiten wie Psoriasis (Schuppenflechte), Milchschorf und Ekzeme.

Die Chinesen machten die Entdeckung, daß Hanföl hauterweichend und antiseptisch wirkt – beides Effekte, die gerade bei Ausschlägen wichtig sind.

Weitere Pflegeprodukte für Haut und Haare zum Selbermachen finden Sie auch im Kapitel »Hanföl in der Naturkosmetik« (ab Seite 116).

Rezepte zum Selbermachen

Ringelblumen-Hanföl

Ringelblumenblüten und -blätter aus der Apotheke
500 ml Hanföl
Eine bauchige 0,7-Liter-Flasche mit großer Öffnung wird mit den Ringelblumenblüten und -blättern gefüllt und mit dem Hanföl übergossen. Dann 14 Tage dunkel stehen lassen. Danach in eine zweite Flasche durch ein feines Hanftuch abgießen. Das Öl eignet sich sowohl als leichte Creme zur Heilung angegriffener Haut, als auch zur Gesichtsreinigung. Die Flasche bitte verschlossen und kühl lagern.

Cannabis-Handcreme

120 g Lanolin
60 g Honig (kaltgeschleudert)
60 g Hanföl
Nicht ganz billig, aber sehr wirksam ist die folgende, selbstgemachte Handcreme bei rauhen und rissigen Winterhänden. Zunächst den Honig im Wasserbad verflüssigen, dann das Lanolin drunter rühren. Das Rührgefäß aus dem Wasserbad nehmen und warten, bis die Mischung vollkommen abgekühlt ist. Dann fügt man – langsam mit dem Rührstab die Mischung bearbeitend – das Hanföl hinzu. Wenn Sie Lust auf Ihren Lieblingsduft haben, geben Sie etwas von Ihrem Parfüm dazu. Die Creme abends vor dem Schlafengehen auftragen!

Bei der schmerzhaften Gürtelrose kann man ergänzend zur Therapie gestoßenen Hanf (Hanfsamen) auf den befallenen Körperteil auflegen. Diese Anwendung wird in der goethezeitlichen Volksmedizin (18./19. Jh.) empfohlen.

Herpes

Der US-Mikrobiologe Gerald Lancs (University of South Florida) bestätigte 1990 wissenschaftlich, was die alten Römer schon wußten: Marihuana tötet den Herpes-Virus. Allerdings meint er damit nicht das Rauchen von Marihuana. Man kann aber eine Paste aus den Hanfblättern erstellen, indem man sie zuvor in Alkohol tränkt und dann auspreßt. Auf die befallenen Stellen gelegt, bewirkt die Paste eine schnellere Austrocknung und Abheilung der Bläschen. Fragen Sie Ihren Arzt oder Apotheker nach einem Cannabis-Produkt gegen Herpes. Denn theoretisch kann jeder Arzt per Rezept auch THC verschreiben.

Konzentrationsstörungen

Die Asketen schworen auf das Marihuanarauchen als Mittel zur Förderung der Konzentration bei ihren Gebeten. Wer allerdings schon Erfahrungen mit Marihuana gemacht hat, kann das kaum bestätigen. »Man kann bekifft ungefähr so gut konzentriert arbeiten, als hätte man sich betrunken«, meint einer, der es ausprobiert hat.

Kopfschmerzen / Migräne

Viele Kulturen, die mit Cannabis Erfahrungen gemacht haben, empfehlen es bei Kopfschmerzen. Es kommt dabei sicher darauf an, was Ursache für den Schmerz ist. Bei Verspannungen kommt die krampflösende, beruhigende Wirkung von Cannabis (zum Beispiel geraucht) zum Tragen.

Ayurveda empfiehlt Haschisch, in Laos, Kambodscha und Vietnam wird Hanf als Heilmittel gegen Migräne eingesetzt. Es gibt auch in unseren Breiten Menschen, die einen Joint gegen Migräne rauchten und damit Erfolg hatten. Zumindest entspannt Marihuana und nimmt die Übelkeit, die häufig eine Migräne begleitet.

Nach neueren Forschungsergebnissen ist während des Cannabiskonsums das Kurzzeitgedächtnis weniger funktionstüchtig. Auswirkungen auf Intelligenz und Fähigkeit des Gedächtnisses konnten nicht festgestellt werden.

61

Krebs

Die bei Krebs-Patienten häufig durchgeführte Chemotherapie hat leider auch eine Reihe starker Nebenwirkungen. Der Genuß von Marihuana oder Haschisch kann einige Symptome lindern. Vor allem hilft Cannabis hier gegen Übelkeit und Erbrechen.

Leider wird bis heute eine begleitende Therapie mit Cannabis bei Krebskranken noch nicht durchgeführt.

Magen-Darm-Beschwerden

Bei allen Problemen des Magens und Darms kann Cannabis angewandt werden – je nach Vorliebe geraucht, gegessen oder getrunken werden.

Hanfsamen sind überaus gesund und können in der täglichen Ernährung Magenproblemen vorbeugen. Die Samen im Müsli oder das Samenöl fördern die Verdauung, helfen gegen Verstopfung und wirken gegen Blähungen.

Was Hanfsamen im Magen bewirken

Hildegard von Bingen, die Kräuterheilerin des 12. Jahrhunderts, sah das folgendermaßen: »...sein Samen enthält Heilkraft, und er ist für gesunde Menschen heilsam zu essen, und in ihrem Magen ist er leicht und nützlich, so daß er den Schleim einigermaßen aus dem Magen wegschafft, und er vermindert die üblen Säfte und macht die guten Säfte stark.«

Bauchschmerzen

Ein Trunk aus Blättern und Blüten des Hanfs löst die Krämpfe (auch äußerlich anzuwenden mit warmem Wickel).

Hanfsamen werden in Japan zur besseren Verdauung in einer Kräuter- und Samenmischung angeboten. Hanfprodukte sind zwar in Japan streng verboten, aber die gewürzten Grillspießchen mit Hanfsamen (erlaubt, da THC-frei) findet man überall. Verdauungsfördernd ist auch der Harz, also das Haschischrauchen. Aus dem Ayurveda kommt das Wissen über seinen erfolgreichen Einsatz bei Erbrechen.

Gegen Durchfall hingegen werden eher die Blätter als Tee verabreicht. Und gegen Blähungen helfen wiederum die Blüten des Hanfs, am besten geraucht.

Cholera

Wie bei allen schweren Krankheiten verspricht Marihuana auch hier eher Linderung als Heilung. Sogar die Schulmedizin hat durch den in Indien stationierten britischen Arzt William O'Shaugnessy (1809-1890) die Wirkung von Cannabis kennengelernt. Auch in der ayurvedischen Medizin, in Südostasien und in Tibet wird Marihuana als Getränk bei schweren und chronischen Durchfallerkrankungen eingesetzt. Bei der Cholera handelt es sich um eine schwere Infektionskrankheit, die besonders in Indien (allgemein in Asien) auftritt. Der Darm wird von einem Bazillus befallen, der über Trinkwasser und Nahrung zu anderen Menschen gelangen kann. Heftiges Erbrechen und Durchfälle führen zu einem lebensbedrohlichen Flüssigkeitsverlust des Körpers.

Verstopfung/Laxans

In der japanischen »Lehre der Kräuter« heißt es über die Trockenfrüchte des Hanfs (Mashinin): »Mashinin ist ein Arzneimittel für Milz, Magen und Darm. Es befeuchtet den Darm und macht den Gang glatt, so daß es gegen Stuhlverstopfung benutzt wird.« Und »Mashinin wird als Laxans (Abführmittel) für Alte, Kinder, werdende und stillende Mütter und für diejenigen, die nach einer schweren Krankheit noch geschwächt sind, angewandt.«

Gegen den Flüssigkeitsverlust bei Verstopfung hilft ein Tee aus einer Mischung mit Hanfsamen (zerstoßen) oder die trockene, zerstoßene Samenmischung.

Bei Koliken sollten Sie auf jeden Fall einen Arzt zu Rate ziehen! Zusätzlich und gegen die ersten Beschwerden hilft aber sicher auch ein altes Hanfrezept.

Selbst bei Koliken im Magen oder in der Galle (bei Gelbsucht) wurde Hanf bereits früher verwendet. Der englische Apotheker, Arzt und Astrologe Nicholas Culpeper (1616-1654) verfaßte eines der Standardwerke der Alchimie. Darin schreibt er dem Hanf folgende Wirkung zu: »Emulsionen und Dekokte der Samen wirken abführend und verflüssigend, erleichtern Koliken, beschwichtigen die unangenehmen Körpersäfte der Gedärme…«

63

Zusätzlich zu einer schulmedizinischen Therapie läßt sich Cannabis heute vielfach bei Schwerkranken einsetzen. Hier müssen nur die rechtlichen Schwierigkeiten noch überwunden werden.

Spezielle Verdauungsprobleme bei Schwerkranken

◆ Appetitlosigkeit

Dies ist ein Problem, das besonders bei schweren Erkrankungen (Aids, Krebs) zur lebensbedrohlichen Katastrophe werden kann. Zur Zeit läuft in Deutschland gerade ein umfangreicher Forschungsauftrag zur Verwendung von THC bei Aids. Und auch jetzt schon verschreiben viele Ärzte ihren Aidspatienten THC.

◆ Erbrechen

Krebspatienten klagen während der Chemotherapie oft über Übelkeit und Erbrechen. THC dämmt diese Symptome. Versuche mit Marihuana gegen Erbrechen machten schon die Afrikaner und Chinesen sowie die ayurvedische Medizin, sogar die Schulmedizin und viele Kiffer, die es an sich selbst feststellten. Auch hier ist es gut, den eigenen Arzt nach THC zu fragen. Denn es ist in Deutschland nicht unmöglich, die Droge verschrieben zu bekommen.

Malaria

In der ayurvedischen Medizin wird Haschisch zur Linderung von Malaria eingesetzt. Und das Schwarzwasser-Fieber in Schwarzafrika (häufig tödliche Unterart der Malaria tropica, heute eher selten) wird in Rhodesien heute noch (aus Mangel an den richtigen Medikamenten) mit Hanf behandelt: Man raucht das Marihuana in der Wasserpfeife.

Mittelohrentzündung

Die Alchimisten waren der festen Überzeugung, jegliche Ohrenschmerzen würden von Würmern ausgelöst und es gälte deshalb lediglich, diese Tiere zu töten. Emulsionen und Dekokte aus Hanf sollten dieses Problem lösen.

Die Chinesen wandten Marihuana hier meist als Tee an. Bei Kindern ist die Anwendung zu überdenken.

Multiple Sklerose

Zentralnervös bedingte Muskelkrämpfe und Zittern bei MS-Erkrankten lassen sich mit THC (Dosis 5 mg) lindern, stellte die Forschergruppe um Dr. Maja Maurer und Prof. Adolf Dittrich in der Schweiz fest. THC wirke genauso gut wie das häufig verwendete Kodein, würde aber von den Patienten besser vertragen. Betroffene sollten ihren Arzt darauf ansprechen, vielleicht kennt er diese Studie und verschreibt ihnen THC.

Nervöse Störungen

Der Entdecker des Cannabis unter den Schulmedizinern ist der in Indien stationierte Brite William O'Shaugnessy. Er konstatierte nach ersten Forschungen im 19. Jahrhundert: »Der indische Hanf und seine Präparate beeinflussen hauptsächlich die Thätigkeit des Gehirnes und des Nervensystems. Kleine Gaben wirken anregend auf die Nerven, die Sinnesorgane und das Vorstellungsvermögen; sie erzeugen eine heitere Stimmung.«

Die Japaner empfehlen schon seit Jahrhunderten Haschisch gegen Nervenleiden. Ganz entspannt im hier und jetzt – eine Wirkung, auf die zumindest versuchsweise auch heutige Ärzte in der Behandlung von Suchtkranken bauen – wenn sie dazu auch nicht Cannabis einsetzen.

Tobsucht/Wutanfälle

Dieses psychotische Verhalten wird heute nicht als eigenes Krankheitsbild, sondern eher als Symptom einer näher zu untersuchenden Manie geführt. Die Homöopathie setzt auf indischen Hanf in Delution 6, um solche Attacken zu meistern. Die US-Sängerin Marla Glen bekannte in einem Interview, daß sie als Kind unter Wutanfällen zu leiden hatte und ihre Lehrerin der Mutter Beruhigungsmittel empfahl. Als diese ablehnte, gab die Lehrerin den Tip, Marla ab und an einen Joint rauchen zu lassen. Gesagt, getan: Außer der Tatsache, daß sie sich manchmal auf dem Schulhof absonderte, um zu rauchen, verbrachte die Sängerin eine normale Schulzeit, ohne wieder auffällig zu werden.

Da beim Cannabisgenuß der Körper entspannt und sich beruhigt, ist die positive Wirkung auf nervlich bedingte Störungen beim Menschen naheliegend.

65

Alpträume

In der Homöopathie wird indischer Hanf in der mehrfach verwässerten Potenz verwendet und in dieser Delution (D6) auch als Mittel gegen Alpträume eingesetzt. Homöopathische Medikamente sind apothekenpflichtig, die Urtinktur aus dem Harz rezeptpflichtig.

Orchitis/ Hodenerkrankung

Einen Hanfblätterbrei auf die entzündeten Hoden zu legen, ist das Rezept aus der ayurvedischen Medizin gegen Orchitis. Eine derart schmerzhafte Erkrankung ist aber auch wohl eher unter Antibiotika gut aufgehoben.

Paraplegie/ Quadriplegie

Bei Querschnittslähmung soll Marihuana sehr gut gegen Muskelzuckungen wirken (siehe auch Multiple Sklerose). Sprechen Sie mal mit Ihrem Arzt darüber. Es ist nicht unmöglich, in Deutschland THC zu bekommen.

Die Lähmung aller vier Extremitäten (Quadriplegie) ist für den Betroffenen auch deshalb quälend, weil sie häufig mit unkontrollierbaren Spasmen verbunden ist. Diese Patienten könnten durch THC Linderung erfahren.

Rheuma, Gelenkschmerzen

Gliederschmerzen

Viele Rheumamittel, die Patienten verschrieben werden, haben starke Nebenwirkungen und können die Krankheit doch nicht heilen. Hanf ist eine Möglichkeit, mit natürlichen Stoffen heilende Wirkung zu erzielen.

Gliederschmerzen plagen die Menschheit gewiß seit ihrem Bestehen. Die Germanen nahmen das Hanfwerg einfach von ihren Feldern und wickelten damit schmerzende Glieder ein. Im 16. Jahrhundert wurden dann die gekochten Wurzeln als Umschlag genutzt. Bis in unser Jahrhundert hinein wurde mit Hanfprodukten wie Salben oder Pflaster (gegen Hühneraugen) geworben, die in erster Linie aus Cannabisauszügen bestanden.

Auch in den USA waren Hanfextrakte ein beliebtes Mittel gegen Rheuma. Am einfachsten stellt man eine Packung, einen Brei aus Blättern, Stielen oder Wurzeln her, den man, mit einem Tuch abgedeckt, auf die schmerzenden oder entzündeten Gelenke legt.

Arthritis

Innere Anwendung bei Arthritis (entzündliche Gelenkerkrankung): 100 g Marihuana werden mit reinem Alkohol bedeckt, 48 Stunden stehengelassen, dann vorsichtig erhitzt, bis der Alkohol verflogen ist, daß nur noch eine Masse von 7–10 g zurückbleibt. Diese wird dann mit destilliertem Wasser aufgegossen. 20 ml dieser Lösung in einem Orangenblättertee (dreimal täglich für drei Tage) soll die Schmerzen vertreiben.

Gegen Rheumatismus werden die schmerzenden Glieder mit einem alkoholischen Auszug aus Hanf eingerieben. Die Anwendung muß über einen längeren Zeitraum mehrmals wiederholt werden, um Wirkung zu zeigen.

Gicht

Gicht gehört eigentlich nicht zu den arthritischen Gelenkerkrankungen, weil ihre Ursache von einer Stoffwechselstörung herrührt. Da aber die Schmerzen an den Gelenken auftreten, werden die Symptome ähnlich wie bei Rheuma oder Gelenkentzündungen (Arthritis) behandelt.

Ablagerungen von Harnsäure in den Gelenkknorpeln, Kapseln und Schleimbeuteln rufen die typischen Schmerzen hervor. Da Hanf eine durchblutungsfördernde Wirkung nachgesagt wird, ist es erklärbar, daß seine Anwendung schmerzlindernd ist.

Plinius der Ältere (24–79 n. Chr.) verordnete gegen Gicht, in Wasser gekochte Cannabiswurzel auf die schmerzenden Stellen aufzulegen. In Kaschmir wird heute von Gichtkranken immer noch viel Marihuana geraucht.

Zur äußeren Anwendung bei Gicht (wie auch bei Rheuma oder Arthritis) empfehlen sich selbstgemachte Packungen oder fertige Salben und Pflaster aus Hanf auf den schmerzenden Stellen.

Schmerzstillende Wirkung

Um 1827 war Hanf als Medikament in Deutschland nicht umstritten. Adelbert von Chamisso schrieb: »Der öligschleimige Hanfsamen ist officinell und gehört zu den lindernden und erweichenden Mitteln.« In allen Kulturen wurde Cannabis immer wieder zur Schmerzlinderung verwendet (auf Jamaika wird Dope angewendet wie in den USA Aspirin) und auch Kiffer bestätigen diese Erfahrung.

67

Schwäche und Erschöpfung

Die Irokesen benutzten Marihuana (wie viele andere India-
nerstämme in der Friedenspfeife) als stimulierendes Mittel
und psychologische Hilfe. Nach ihren Erfahrungen ist Marihuana »eine Pflanze, die dich wieder auf Trab bringt«. Viele
Kiffer bestätigen diesen Effekt.

Alle Kulturen berichten, daß das Rauchen von Marihuana stimuliert, neue Kräfte verleiht und in einem langen erholsamen
Schlaf endet, so daß es bei allgemeinen Schwächezuständen
helfe.

Schwindel/ Höhenkrankheit

*Schwindel und
Höhenkrankheit kön-
nen sehr unange-
nehme Begleiterschei-
nungen haben: Ohn-
macht, Atemnot,
Übelkeit und Erbre-
chen. Cannabiskon-
sum hilft gegen diese
Symptome.*

Die Tibeter wandten Hanf (Marihuana-Rauch) bei der Höhenkrankheit und Schwindel im allgemeinen an. Aus Thailand ist
ein Tee aus Marihuana und Sandelholz gegen Schwindel
bekannt.

Höhenkrankheit ist eigentlich auf einen Sauerstoffmangel
zurückzuführen, der in Höhen, zum Beispiel bei einer Wande-
rung in den Bergen auftreten kann. Die bronchienerweiternde und entspannende Wirkung von Marihuana kann man
hier symptomatisch nutzen (Marihuana rauchen).

Tetanus

Der Wundstarrkrampf kommt in unseren Breiten eher selten
vor, weil die meisten Menschen schon in ihrer Kindheit dagegen geimpft werden. Zu anderen Zeiten und in der Dritten
Welt wurde dagegen Marihuana eingesetzt. Eindeutige Berichte darüber, daß die Betroffenen dann nicht an der tödli-
chen Krankheit gestorben sind, gibt es jedoch nicht.

Urinverhalt/Blasenleiden

Hier findet der Pflanzenstengel Verwendung als harntreibendes Medikament. Cannabis sativa wird besonders in der
Homöopathie gegen Urinverhalt eingesetzt. Auch die Volksmedizin, Chinesen und Tibeter kannten diese Wirkung.

Auch bei Blasenleiden empfiehlt sich ein Getränk aus Hanfblättern. Vermischt mit Bier oder Palmwein wurden in Mesopotamien Blasenleiden so mit Marihuana behandelt.

Hanf ist eine universelle Heilpflanze. Sowohl aus den Blättern und Blüten wie auch aus den Wurzeln lassen sich wichtige Heilstoffe gewinnen.

Verbrennungen

In der Alchimie (17. Jahrhundert) wurde gestoßene Hanfwurzel mit Öl oder Butter vermengt gegen Verbrennungen empfohlen. Fett und Mehl sind heutzutage als Erste-Hilfe-Maßnahmen gegen Verbrennungen als falsch erkannt. Fließend kaltes Wasser auf die betroffenen Stellen ist die vernünftigere Therapie.

Vergiftung/Antidot

Das ist ein schwieriges Kapitel. Berichte über Marihuana als Antidot (Gegengift) finden sich in China und in der ayurvedischen Medizin. Marihuana wird dort als Gegengift in Teeform gereicht oder geraucht. Im Zweifelsfall lösen sich dadurch Krämpfe und die Droge wirkt beruhigend. Daß die Giftwirkung aufgehoben wird, ist bisher nicht erwiesen.

Sicher muß man nicht alles, was früher für gut geheißen wurde, unverändert anwenden. Bei Verbrennungen und Vergiftung gibt es heute weitaus bessere und sichere Hilfsmittel als Hanf.

69

Verletzungen und Wunden

*Wunden sollten
desinfiziert werden –
das beschleunigt den
Heilungsprozeß und
läßt keine Keime ein-
treten. Hanf enthält
den Wirkstoff CBD,
der diese Funktion
erfüllt.*

Seine antibakterielle Wirkung macht Hanf so effektiv im Einsatz gegen Wunden und Verletzungen. Es ist hier jedoch nicht
Tetrahydrocannabinol (THC), der rauscherzeugende Stoff
der Pflanze, der die Heilung beschleunigt. Man hat im Hanf
Säuren gefunden, Cannabidiolsäuren (CBD), die auf den Körper antibiotisch und antibakteriell wirken. Sie werden noch vor
der Blüte aus der Pflanze gewonnen.

Ein Trockenpulver aus Hanfblättern zum Beispiel kann besonders bei nässenden Wunden eingesetzt werden (ayurvedische
Medizin).

Verspannungen

Gegen Verspannungen hilft innerlich ein Tee: Hanfblätter in
Wasser gekocht und dieses Dekokt dann getrunken.

Ganz sicher hilft auch eine Massage mit Hanföl (zieht sehr
schnell ein) gegen solche Zustände.

Zahnschmerzen

Da Marihuana und Haschisch als Schmerz- und Betäubungsmittel seit je verwendet worden sind, kann man Cannabis
natürlich auch bei Zahnschmerzen einsetzen – die einfachste
Anwendung ist, ihn zu rauchen. Die alten Chinesen umwickel-
ten schmerzende Zähne mit Hanfblüten und ließen diese Auflage mehrere Tage im Mund. Vermutlich blieben sie so eine
Weile high, wurden aber die Ursachen für ihre Beschwerden
nicht los. Der Gang zum Zahnarzt wird Ihnen daher bei ern-
steren Beschwerden nicht erspart bleiben.

Gegenanzeigen
und Nebenwirkungen

Cannabis auf Rezept

Es gibt leider heute immer noch weltweit sehr wenige neuere
wissenschaftliche Untersuchungen zum Thema »Hanf in der
Medizin«. Viele Angaben beruhen auf alten Kräuter- und Me-

dizinbüchern, Hörensagen und Kiffer-Erfahrungen. Lediglich die schmerzstillende, bronchienerweiternde und krampflösende Wirkung von Cannabis ist erwiesen. Ob es wirklich als Antidot (Gegengift) Wirkung zeigt, sollte man vielleicht nicht an sich selbst ausprobieren. Das könnte tödlich enden.

Besondere körperliche Reaktionen

Es gibt eine wichtige Einschränkung für alle, die Marihuana oder Haschisch ausprobieren wollen: Gerade bei den ersten Anwendungen kommt es zu heftigen Herzschlag-Beschleunigungen, die zum Beispiel Herzkranken durchaus schaden können. Ebenso könnte der Gebrauch von Cannabis bei Lungenentzündung, Lungenemphysem und -fibrose schädlich sein. Hier sollte vor allem vom Cannabisrauchen abgeraten werden.

Wie bei jedem Medikament und auch natürlichen Heilmitteln ist auch bei der Anwendung von Hanf Vorsicht angezeigt in besonderen Situationen.

Anwendung in der Schwangerschaft

Auch bei Schwangeren ist der Gebrauch von Cannabis in keiner Weise erforscht. Obwohl viele Kulturen Marihuana oder Haschisch bei der Geburtshilfe einsetzen, gibt es noch keine Untersuchungen über eine mögliche fruchtschädigende Wirkung oder über den Effekt eines Joints auf die Muttermilch.

Warnhinweis:
Wegen der herabgesetzten Reaktionsfähigkeit nach einem Cannabiskonsum sollte niemand bekifft Auto fahren.

Wann man Hanf nicht anwenden sollte

Anwendungen mit Bestandteilen des THC-armen Hanfs gelten generell als unbedenklich – es sei denn, Sie reagieren darauf allergisch.

Vorsicht bei der Einnahme oder dem Rauchen von THC-haltigem Hanf ist geboten bei:

◆ Herzerkrankungen
◆ Lungenentzündung/Lungenemphysem/Lungenfibrose
◆ Schwangerschaft

71

Heilmittel aller Kulturen

Die Kunst der Schamanen

Die Schamanen verwenden Cannabis vor allem als Rauschmittel, um sich in einen Trancezustand zu versetzen.

Die medizinische Anwendung von Cannabis begann mit den ältesten Heilern der Welt, den Schamanen. Das Schamanentum reicht bis in die Vorzeit zurück. Es gibt Hinweise dafür, daß es schon in der Altsteinzeit bekannt war. Schamanen sind Menschen, die von Göttern, Geistern, Dämonen oder Ahnen berufen sind und deshalb – zusammen mit ihrer besonderen Gabe, in Trance oder Ekstase fallen zu können – immer eine kulturelle und gesellschaftliche Sonderstellung einnehmen. Im Gegensatz zu anderen Kulturen, die erst die technische und dann die psychoaktive Seite von Cannabis entdeckten, nutzten die Heiler von Anfang an den Rausch. Er gab ihnen die Möglichkeit, abseits aller Probleme und Hemmnisse die pure Wahrheit zu sehen. Das heißt nicht, daß in jedem Kiffer ein heimlicher Schamane steckt. Ohne dessen spezielle Gaben (medizinische Kenntnisse, seherische Begabung, Heilkunst, etc.) bringt Cannabis eben nur einen Rausch und nicht mehr.

Die Schamanen, die ältesten Heiler, nutzten als erste die medizinische Heilwirkung der Cannabispflanze.

Rausch für die Heiler

Um den Gebrauch von Cannabis bei den Schamanen zu verstehen, muß ihr Weltbild kurz erklärt werden. Sie gehen davon aus, daß es mehrere Welten und Realitäten gibt, die zumindest ein Schamane bereisen kann. Das sind: Himmel, Paradies, Hölle, Unterwelt, Schattenreich, Geisterwelt, Blaue Zone, unsichtbare Welt, wahre Wirklichkeit und viele andere. In all diesen Welten gibt es, meinen die Schamanen (deren Tradition bis heute reicht, z.B. in Nepal), Götter, Ahnen, Dämonen, Geister, Monster, Tier- und Pflanzenseelen. Mit diesen kommuniziert der Schamane und erfährt von ihnen Geheimnisse, Heilmethoden und Mythen. Krankheiten bewerten diese Heiler als den Verlust oder die Abwesenheit der Seele des Kranken in einer dieser anderen Welten. Der Schamane folgt der kranken Seele quasi und kämpft um sie. Dazu muß er (oder sie, denn es dürfen auch Frauen sein) in Trance fallen. Und genau für diesen Akt benutzen die Schamanen Cannabis.

Psychoaktive Stoffe halfen den Schamanen bei ihren Heilkünsten. Sie konnten nur im Rauschzustand Verbindung mit der sonst unsichtbaren Welt der Geister und Götter aufnehmen und diese um Hilfe bitten.

Die ersten Anwendungen

Die Schamanen des Himalaja opferten den Cannabisrauch ihrem Gott Shiva, der diesen besonders liebte. Sie entdeckten auch die ersten Heilmethoden mit Hanf. Einen Tee aus Hanf-Strünken setzten die Ur-Heiler gegen Depressionen, Appetitlosigkeit und die in Nepal häufige Höhenkrankheit ein.

Ägypten – Pharmazie auf Papyrus

Die alten Ägypter schrieben auf Papyrus. Das Papyrus »Edwin Smith« ist das älteste medizinische Fachblatt (2700 bis 2400 v. Chr.), es handelt von Wundmedizin und traumatologischer Chirurgie. Das umfangreichste Rezeptbuch war das Papyrus »Ebers« (1555 v. Chr.), in dem aber die botanischen Namen schwer zu interpretieren sind. Also mußte auch hier erst die Archäologie tätig werden. Im Grab des Amenophis IV. in El-Amarna (1550 bis 1070 v. Chr.) wurden die Wissenschaftler fündig: Sie entdeckten Hanfteile. Auch an der Mumie von Ramses II. wurden Hanfpollen entdeckt. Damit ist wissenschaftlich erwiesen, daß Hanf im Totenkult der Ägypter eine Rolle gespielt haben muß.

Bei den Ägyptern finden sich erste schriftliche Niederlegungen zur Verwendung von Hanf als Heilmittel.

Rezepte der Ägypter

◆ »Ein Heilmittel für die Augen: Sellerie; Hanf; wird zermahlen und im Tau der Nacht gelassen. Beide Augen des Patienten werden am Morgen damit gewaschen.« (etwa 1700 v. Chr.)

◆ »Ein Heilmittel um Entzündungen zu behandeln: Blätter (oder Blüten) des Hanfs; weißes Öl. Gebrauch es als Salbe.« (Papyrus »Berlin«, 1300 v. Chr.)

◆ »Ein Heilmittel um die Gebärmutter zu kühlen: Hanf wird in Honig zerstoßen und in die Vagina gefüllt.« (Papyrus »Ebers«)

Das erste Rezept ist besonders interessant, weil viele Ägypter unter Grünem Star (krankhafte Erhöhung des Augeninnendrucks, Glaukom) litten und erstaunlicherweise schon vor mehr als dreitausend Jahren ein noch heute probates Mittel zur Verfügung hatten.

Die psychoaktive Seite des Hanfes haben die Ägypter vermutlich wegen der beliebteren Einnahme von Opium, Alraune, Seerose im Altertum eher vernachlässigt. Dafür ist Ägypten heute – im Gegensatz zu seinen islamisch-arabischen Nachbarländern – ein richtiges Kifferparadies.

Die alte chinesische Heilkunst

Als die nördlichsten Stämme Chinas seßhaft wurden, begannen sie sofort mit dem Hanfanbau. Aus den Fasern wurden Stricke, Netze und Textilien hergestellt und das erste Papier der Menschheit geschöpft. Im ältesten Buch Chinas, dem »Buch der Lieder« (9. bis 6. Jh. v. Chr.), wird Hanf schon erwähnt. Den medizinischen Gebrauch empfiehlt ein Buch aus dem 5. Jh. v. Chr. Um das 3. Jh v. Chr. war die Hanfpflanze heilig. Im Buch der »Neun Gesänge« heißt es: »Ich pflücke die Blüten im heiligen Hanffeld, pflück sie für ihn, der fern von mir ist.« Womöglich kannte man damals schon Hanf als Aphrodisiakum.

74

Heilende Wirkung

Die medizinische Anwendung zu dieser ganz frühen Zeit muß man sich nicht so vorstellen, daß Marihuana oder Haschisch gleich als Tee oder als Joint zum Einsatz kamen. Anfangs wurde aus dem Hanfstengel eine Art Stock geschnitzt, mit dem der Heiler das Bett des Kranken ausklopfte, um die bösen Geister zu vertreiben. In der nach einer Legende um 2737 v. Chr., in Wirklichkeit aber wohl eher im ersten vorchristlichen Jahrhundert schriftlich niedergelegten ersten Medizinlehre wurden folgende Krankheiten als durch Hanf heilbar beschrieben: »weibliche Schwäche, Gicht, Rheumatismus, Malaria, Beriberi (Vitamin-B1-Mangel), Verstopfung und geistige Abwesenheit«.

Hanf als Narkotikum

Schon in den Jahren 190-265 n. Chr. entdeckte der erste Chirurg Chinas Hanf als Narkotikum, eine Mischung aus Hanfharz (Haschisch) und Wein, eventuell soll auch noch Eisenhut enthalten gewesen sein. Doch die Chinesen waren skeptisch und ein Fürst, der ihn zu Hilfe gerufen hatte, ließ den Chirurgen hinrichten, bevor er ihm diesen Trank eingeben konnte. Dem Provinzherrscher kam die Idee, der Mediziner wolle ihn im Auftrag seiner Feinde töten. Und daraufhin verzichtete er ebenso auf die geplante Kopfoperation wie auf den Chirurgen. Der ließ vor der Exekution noch seine Schriften vernichten und so vergingen zwölf Jahrhunderte, bis das Rezept des Chirurgen wieder entdeckt wurde.

Das Betäubungsmittel Cannabis entdeckte ein chinesischer Arzt; angewandt wurde es bis zum Zweiten Weltkrieg, wenn kein anderes Narkotikum zur Hand war.

Narkosetrunk

»Wenn man gleiche Mengen weißer Stechapfel und Hanf im siebten und achten Monat des Jahres sammelt, sie im Schatten trocknet, pulverisiert und in Wein auflöst, wird diese Zubereitung nach der Einnahme eine narkotische Anästhesie bewirken und die Durchführung kleinerer Operationen und Ausbrennungen schmerzfrei erlauben«, heißt es im »Pen-ts'ao«, dem berühmten Kräuterbuch des Li-Shih-Chen aus dem Jahr 1578.

Milder Gebrauch von Cannabis

Heutzutage verwenden die Chinesen in der Medizin hauptsächlich die Samen (9-30 g vermischt mit anderen Drogen) als Tee. Er ist in allen Arzneimittellehren aufgeführt, steht unter den sedierenden (beruhigenden), den purgierenden (»nach unten reinigenden«) Abführmittel oder unter den Asthmamitteln.

Japan – die Erben der Schamanen (414 n. Chr.)

Schon in der Jungsteinzeit (etwa 4000 bis 1750 v. Chr.) wanderten verschiedene asiatische Volksgruppen nach Japan ein. Sie brachten die Kultur der Schamanen mit und somit wahrscheinlich auch das Wissen über die Heilwirkung des Hanfes. Darüber gibt es aber keine schriftlichen Belege, so daß es wohl unverfänglicher ist, das Wissen über den Hanf ab 414 n. Chr., bei Einführung der chinesischen Medizin in Japan anzusetzen. Das chinesische »Pen Tsao« wurde auch in Japan zur Grundlage aller medizinischen Forschung. Allerdings verloren Schamanismus, Shintoismus und ayurvedische Medizin nicht an Wichtigkeit. So entstand ein buntes Gemisch von uraltem Wissen – und damit fast schon wieder etwas Eigenes.

Blüten und Samen

Die japanische Heilkunst profitiert von der chinesischen und ayurvedischen sowie einigen anderen alten Medizinkünsten. Bevorzugt werden Samen und Blüten des Hanfs.

Die japanische Heilkunde benutzte besonders gern die getrockneten Blüten des Hanfes. Diese mischten sie unter Gewürze oder gossen sie als Tee auf (nicht pulverisiert wie die Chinesen). Angewandt wurde dieses Mittel gegen Verstopfung, Nierenerkrankungen, Blutarmut und Husten. Haschisch fand als Schmerz- und Beruhigungsmittel sowie als Narkotikum Verwendung. Heute dürfen nur noch THC-freie Samen verkauft werden. Marihuana und Haschisch werden auf dem Schwarzmarkt mit Gold aufgewogen. Wer Hanf besitzt, züchtet oder damit handelt, muß mit Gefängnisstrafen nicht unter fünf Jahren rechnen.

Die Japaner nannten die Trockenfrüchte des Hanfs »Mashinin«, »Kamanin« oder »Taimanin«. Die cannabinolfreien Samen, die man heute als einziges Cannabisprodukt legal erwerben darf, heißen »Namanin«.

Indien – Die Heilkunst der Ayurveden

Die vedischen Schriften sind die älteste Literatur Indiens. Die Rig Veda (eine Sammlung religiöser Hymnen) ist zwischen 1200 und 100 v. Chr. niedergeschrieben worden. Darin wird immer wieder eine berauschende Pflanze namens Soma erwähnt, die wie Cannabis keine Halluzinationen auslöst, aber zu Heilzwecken dient. Im Atharvaveda, dem Medizin- und Zauberlehrbuch aus dem 7. Jh. v. Chr., wird neben Soma auch der Hanf erwähnt. Insofern ist nicht klar zu analysieren, um was es sich bei Soma wirklich handelte. Jedenfalls wurde diese Schrift quasi zum ersten Standardwerk für Ayurveda (heißt übersetzt: das Wissen vom Leben), einer Heilmethode, die noch heute in Indien neben der Schulmedizin angewandt wird.

Hanf – und natürlich die aus ihm gewonnenen Produkte – ist nur eine von vielen Pflanzen, die im Ayurveda verwendet werden. Er ist die Pflanze des Gottes Shiva und mit Erotik, Askese und Heilung verbunden. Daher kann er als Aphrodisiakum, Konzentrationsmittel, Tranceförderer und als Medizin bei vielen Krankheiten dienen. Er wird – mit zahlreichen anderen Zutaten – eingesetzt als Pulver, als Teemischung, als Fettpaste mit Butter, als Umschlag aus Blättern, als frisch gepreßter Saft oder als Rauchmittel.

Alte schriftliche Zeugnisse der ayurvedischen Medizin nennen neben Hanf auch »Soma«, eine Pflanze, von der man heute noch nicht sicher weiß, worum es sich bei ihr handelt.

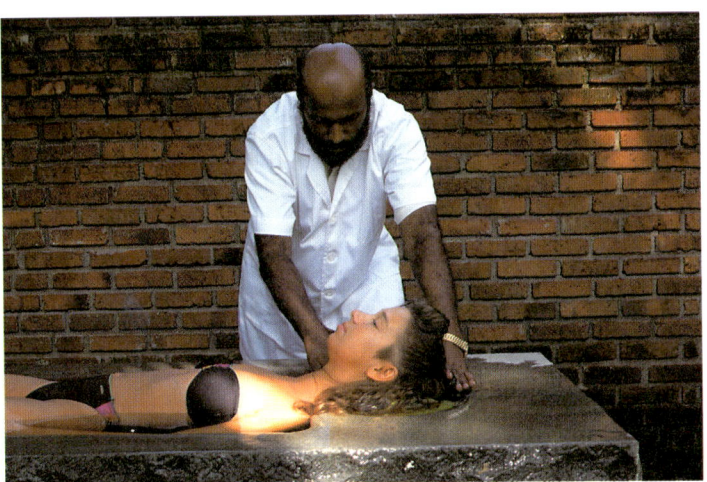

Seit Jahrtausenden wird der Hanf in Indien als Heilmittel genutzt – vor allem in der traditionellen Ayurveda-Behandlung.

77

Wissenschaftliche Untersuchungen

Es handelt sich bei Ayurveda nicht etwa um eine Volksmedizin, die Behandler waren schon immer ausgebildete Ärzte und Gelehrte. Sie verbinden noch heute Hinduismus, Lebenskunst, Weisheit, Kräuterlehre und Yoga. Und das nicht etwa in kleinen Kursen, sondern ganz wissenschaftlich an Universitäten im Rahmen einer akademischen Ausbildung. Die ayurvedische Lehre hat die Medizin in ganz Südostasien maßgeblich mitgeprägt.

Ayurveda wendet Hanf auf vier Arten an: als Samen, als Bhang (obere Blätter der weiblichen Pflanze), als Ganja (frische oder getrocknete weibliche Blüten) und als Charas (Haschisch). Nach ihren Erfahrungen hilft er gegen Diarrhöe, Schmerzen, Husten, Cholera, Wundstarrkrampf, Schlafstörungen, Menstruationsbeschwerden, Gelbsucht und Impotenz. Traditionell wird in Indien und Nepal Cannabis als Rauschmittel verwendet. Doch auch außerhalb der ayurvedischen Medizin gab es immer therapeutische Anwendungen für Marihuana und Haschisch. So wird noch heute im Jhabua Distrikt Hanf als Schmerzmittel bei Knochenbrüchen eingesetzt, in Kumaon der Saft gegen Hämorrhoiden angewendet, in Kaschmir der Rauch bei Gicht empfohlen.

Rituale der Skythen

Von den Skythen ist vor allem das Beerdigungsritual mit Hanfdampf bekannt. Es sollte dem Seelenheil der Verstorbenen wie auch der Hinterbliebenen dienen.

Der Grieche Herodot (etwa 500–424 v. Chr.) war der erste, der lange Reisen durch Ägypten, Syrien, Zypern, Nordgriechenland, Makedonien (bis zur Krim), Thrakien und Syrien unternahm und über die Völker, die er dabei entdeckte, schrieb. »Neun Bücher der Geschichte« verfaßte Herodot. Von Cicero wurde er deshalb auch als »Vater der Geschichtsschreibung« betitelt. Die Skythen, ein nomadisierendes Reitervolk, das er zwischen Donau und nördlicher Spitze des Schwarzen Meeres kennenlernte, brachten den Historiker zuerst auf das Thema Hanf. Er entdeckte ein ungewöhnliches Beerdigungsritual. Und zwar bauten sich die Skythen nach der Beisetzung eine Art indianisches Tipi, in dessen Innerem sie in einem Feuer erwärmte Steine in eine Wanne warfen (wie in einer Schwitzhütte). Herodot beschreibt weiter:

»Nun wächst in ihrem Lande der Hanf, der ganz das Aussehen von Flachs hat; ja, die Thraker fertigen sich auch Tücher daraus, die den leinenen sehr ähnlich sind, und wer sich nicht darauf versteht, würde nur schwer unterscheiden können, ob sie von Flachs oder Hanf sind. Wer aber noch nie Hanf gesehen hat, wird meinen, es sei Leinen.

Vom Samen dieses Hanfes nehmen die Skythen, wenn sie unter das Filzzelt schlüpfen, und werfen ihn auf die glühroten Steine; das gibt dann einen Qualm und einen Dampf, daß kein hellenisches Schwitzbad dagegen ankommt. Die Skythen fühlen dabei ein wohliges Behagen, daß sie vor Lust aufjubeln. Es dient ihnen anstatt eines Bades; denn sie baden nicht im Wasser.«

Hanf als Stimmungsmacher

Wenn die Skythen tatsächlich Samen verwendet haben, dann müssen die noch in den Blütenständen gewesen sein, denn andernfalls wäre weder Rauch noch Rausch möglich. Auf alle Fälle nutzten die Skythen aus rituellen Gründen (was die Medizin inzwischen nachgewiesen hat) den Fröhlichmacher THC, der ihre gemeinsame Trauer erleichterte. Russen und Mongolen verwenden Cannabis ruderalis (die dort wildwachsende Cannabissorte) noch heute als Antidepressivum.

Heilmethoden zwischen Euphrat und Tigris

Das Zweistromland zwischen Euphrat und Tigris (heutiger Irak, Syrien, Israel) erlebte seine jahrhundertelange Blüte zu Zeiten des babylonischen und assyrischen Reiches. In Mesopotamien stand der Exorzismus, also das Austreiben der bösen (Krankheits-)Geister aus dem Körper, an erster Stelle. Zu diesem Zweck wurden Räucherungen, Beschwörungen, Medikamente grundsätzlich mit formelhaften Gesängen begleitet. Die mesopotamische Medizin war der ägyptischen nicht unähnlich. Es wurde alles verwendet, was Feld, Wald und Wiese zu bieten hatten: Früchte, Getreide, Gemüse, Baumharze, Gewürze. Der Hanf gehörte zu den am häufigsten verwendeten Heilmitteln und fand bei Blasenleiden, Schlaflosigkeit, Rheumatismus und schmerzender Bronchitis Anwendung.

In erster Linie ging es den Heilern im alten Orient darum, Krankheiten zu verhindern. Hatten sie aber doch einen Menschen befallen, so mußten die bösen Dämonen mit Räucherungen ausgetrieben werden.

79

Die Assyrer haben das Rauchen von Hanf wahrscheinlich bei den Skythen, mit denen sie lange Handelsbeziehungen unterhielten, erlernt. Sie benutzten Cannabis allerdings auch als Analkompresse und in einem Aufguß mit Bier, was Krankheiten, die durch Hexerei entstanden waren, lindern sollte. Bei Leibschmerzen wurde die Pflanze ausgekocht und im Klistier verwendet.

Archäologische Funde

Im Talmud und in der Bibel findet die Erwähnung von Hanf nur im Zusammenhang mit Kleidern, Seilen und Netzen statt – die Archäologie belegt anderes.

Der Hanf war natürlich auch im Gelobten Land bekannt, wurde vor allem als Faser für Kleidung und Seile verwendet. Und er war ein wichtiges Material für das Tabernakel (ein kunstvoll gestaltetes Gehäuse, in dem Hostien aufbewahrt werden). Über die medizinische Verwendung der Nutzpflanze gibt auch die Bibel nicht eindeutig Auskunft. Wieder waren es die Archäologen, die in diesem Zusammenhang eine überraschende Entdeckung machten: Israelische Archäologen hatten ein Familiengrab entdeckt, das ungefähr 1700 Jahre alt sein sollte. Dort fanden sie die Überreste eines etwa 14 Jahre alten, hochschwangeren Mädchens, das offensichtlich während der Geburt gestorben war. An ihrer Seite lag ein Becher mit Resten eines Tees aus Kräutern, Früchten und Haschisch, den man ihr offenbar gegen die Geburtsschmerzen gebraut hatte. Doch ohne einen Kaiserschnitt, den damals niemand beherrschte, war dieser jungen Frau gar nicht zu helfen gewesen.

Tibet – eine Handvoll Samen für Buddha

Bevor in Tibet im 11. Jahrhundert der Buddhismus zur Staatsreligion wurde, bestimmten Schamanen und frühe Tantra-Lehren die tibetische Volksmedizin. Dann übernahmen Medizin-Lamas die Aufgaben der Heiler, und die wurden in Klostern sehr hart ausgebildet. Fächer waren Astronomie, Astrologie, Mathematik, Logik, Grammatik, Philosophie und Buddhismus. Zur Abschlußprüfung mußten die Studenten in den Bergen Pflanzen sammeln. Wer 200 Exemplare bestimmen konnte, bekam den ersten Preis. Dann entschied die Regierung, welcher medizinische Lama in welchem Teil des Landes eingesetzt werden sollte.

Siddharta, der später zum Religionsgründer, dem göttlichen Buddha, wurde, soll sich von einem Hanf-Samenkorn am Tag ernährt haben.

Die Legende über den Religionsstifter

Den Tibetern war der Hanf schon immer eine heilige Pflanze, die besonders häufig in und um Klöster angebaut wurde und heute noch wird. Den psychoaktiven Effekt wußten sie genauso zu schätzen wie den medizinischen. »Hanf ist bitter im Geschmack, heiß in der Energie, scharf, verstopfend, leicht, blähungswidrig, lindert Schleim und verschlimmert die Galle. Er bewirkt das Gefühl von Heiterkeit, Berauschung, regt die Verdauung an. Er macht eine Person gesprächig.«

Sechs Jahre lang soll sich Siddharta ausschließlich von einem Samenkorn am Tag ernährt haben. Sicher ist, daß Hanfsamen die wohl wertvollsten von allen Samen sind (wegen des hochwertigen Öls und der Mineralien), doch mit nur einem Korn am Tag kann niemand überleben. Zurück zur Legende: Nach all diesen Jahren wurde der weltliche Siddharta dann erleuchtet, erfuhr von den vier Tugenden und dem achtfachen Weg, wurde zum Religionsgründer, dem göttlichen Buddha.

In Tibet war der Hanf weit verbreitet – er wurde auch in Klöstern angebaut.

81

Allheilmittel der Mönche

Es gab so gut wie kein Leiden, gegen das in Tibet nicht Hanf angewandt wurde, äußerlich wie innerlich, als Aphrodisiakum wie als Antidepressivum. Naturgemäß machten die Tibeter auch Versuche mit Cannabis, wenn die Höhenkrankheit bei Wanderungen durch die sehr hohen Berge dieser Gegend entstand. Vermutlich die beruhigende und bronchienerweiternden Eigenschaften von Marihuana machten die Experimente zum Erfolg. Ein Medikament, das einfach vor der Haustür wächst.

Griechische und römische Antike

Die Beschreibung eines berauschenden und eher fröhlich machenden Mittels, das geraucht oder auch getrunken werden kann, wie es in der »Odyssee« des Homer festgehalten ist, erinnert stark an den Hanf.

In seiner »Odyssee« beschrieb der Dichter Homer im 8. Jahrhundert vor Christi ein ägyptisches Medikament, das in seiner Wirkung stark an Haschisch erinnert:

> »Helena aber, die Tochter des Zeus, besann sich auf ein andres:
> gab in den Wein, den sie tranken, sogleich ein bezauberndes Mittel,
> gut gegen Trauer und galliges Wesen: Für sämtliche Übel schuf es ein Vergessen. War es im Mischkrug: wer es dann schlürfte,
> diesem läuft an dem Tag keine Träne die Wange herunter,
> selbst wenn ihm Vater und Mutter beide verstürben, ja selbst wenn
> grade vor ihm seinen Sohn, den geliebten, oder den Bruder
> Feinde mit Schwertern erschlügen, so daß er vor Augen es sähe.
> Nun verfügte die Tochter des Zeus von solcher Tüchtigen Wirkung…«
>
> (Zitat aus Odyssee IV, 219-228)

In der medizinhistorischen und altphilologischen Literatur gab es für diese Droge vielerlei Deutungen; neben Bilsenkraut, Alraune und Opium wurde auch Haschisch genannt.

In der Antike hatte das Haschrauchen offenbar einen festen Platz in den religiösen Riten der alten Griechen und Römer. Auch die Orakel-Priesterinnen von Delphi sollen Cannabis zur Erweiterung ihrer seherischen Fähigkeiten verwendet haben.

Achtung vor Impotenz!

Einen medizinischen Gebrauch des Hanfes beschreibt Plinius der Ältere (24–79 n. Chr.), ein Römer, der seine wissenschaftlichen Kenntnisse aber aus griechischen Schriften bezog: »Sein Same soll die Zeugungsfähigkeit der Männer zerstören. Der Saft davon vertreibt die kleinen Würmer aus den Ohren (Schmerzen jeglicher Art wurden durch Würmer ausgelöst, meinte man damals – Anmerk. d. Red.), sowie, freilich unter Kopfschmerzen, jedes Tier, welches auch immer hineingeraten ist; und so groß ist seine Wirkung, daß, wie man sagt, Wasser, in das man ihn gießt, verdickt wird; daher hilft er auch in Wasser getrunken, beim Durchfall der Lasttiere. Die Wurzel, in Wasser gekocht, erweicht steif gewordene Gelenke, ebenso bei Gicht und ähnlichen Anfällen. Auf Brandwunden legt man die Wurzel roh, wechselt aber öfter, bevor sie austrocknet.«

Auch der bekannteste Mediziner des Altertums, Claudius Galen (131–201), bezog sich weiterhin auf das Mittel gegen Ohrenschmerzen, das aber ansonsten leider die männlichen Samen austrockne. Erst Pseudo-Apuleius kam in der römischen Spätzeit auf weitere Heilmethoden mit Hanf. Er sagte, daß eine Salbe aus Hanfblättern und Fett Schwellungen und Vergrößerungen der Brust mindere und gab eine Mischung aus Hanf- und Nesselsamen in Essig auf Herpesbläschen, was half.

Die Meinungen darüber, ob Hanf eher als sexuelles Stimulans oder aber für den Mann potenzgefährdend gelten soll, gingen in den alten Kulturen auseinander.

Mittel gegen Wundverletzungen

Doch die Römer waren ein kriegerisches Volk und somit spielte die Wundbehandlung in der damaligen Medizin die Hauptrolle. Voll ins Schwarze traf also Marcellus Empiricus, der dem Hanf diese Eigenschaften zuschrieb: Allein das Tragen eines Stücks Hanfwurzel an einem Faden um den Hals sollte Blutungen auf der Stelle zum Stillstand bringen.

83

Die Feldfrucht der alten Germanen (5. Jh. v. Chr.)

Der älteste bisher gefundene archäologische Beweis für den Anbau von Hanf wurde in Eisenberg bei Thüringen, also im heutigen Deutschland, entdeckt. Die Samenkörner stammen aus der Zeit um 5500 v. Chr., und in dieser Gegend wurde noch Mitte dieses Jahrhunderts Cannabis kultiviert. Die Germanen verteilten den Anbau über ihr ganzes Reich. Getreide, Gemüse, Hanf und andere Nutzpflanzen dienten ihnen als Nahrung. Es gab damals schon ein Ritual, das heutigen deutschen Männern nicht wenig gefallen würde: Hanf durfte ausschließlich von Frauen ausgesät, gepflegt und geerntet werden.

Alte Riten

Bei der Ernte kam es zu heftigen Rauschzuständen und wohl auch zu sexuellen Exzessen. Der Hanf diente als Faserlieferant, Heilmittel und – wen wundert's – als Aphrodisiakum. Und es gab noch ein ungewöhnliches germanisches Ritual: Ein Hanfstengel wurde auf zwei Böcke gelegt und mit einer Gerte von unten in die Luft gepeitscht. Die fliegenden Hanfstengel sollten Pfeile darstellen, die den Winter fortschießen und damit den Frühling einläuten.

Hanf als Aphrodisiakum

Den Beweis für die Hanfnutzung bei den Germanen liefern Grabfunde, die mit Hanfsamen, Fasern und Blütenständen ausgestattet waren. Das weist auf seine rituelle Verwendung bei Begräbnissen hin.

Er war auch die heilige Pflanze der germanischen Liebesgöttin Frija (später Freya), der Göttin der Fruchtbarkeit, des Frühlings und Schutzgöttin des Lebens und der Ehe. Hanf sollte Fruchtbarkeit (ganz anders als in der Antike bei den Griechen und Römern) und Gesundheit bringen.

Haschisch der Sufi-Mönche

Der Geheimorden der Sufis (entstanden im 8. Jh. n. Chr.) – unter ihnen waren Ärzte, Alchimisten und Drogisten – experimentierte in der islamischen Welt mit Drogen aller Art. Die als gesetzlos geltenden Mönche sammelten Erfahrungen mit psychoaktiven Kräutern und mit Pilzen. Darüber hinaus entwickelten sie den Derwischtanz, ekstatische Musik und die

Herzmeditation. Den Sufis ging es beim Gebrauch von Rausch-mitteln immer besonders darum, ihren Geist für die Gebete zu schärfen, frei zu bekommen. Um bei ihren stundenlangen Meditationen nicht einzuschlafen, haben ägyptische oder äthiopische Sufi-Mönche (es ist nicht genau geklärt, welche von beiden es waren) einen Trank aus den bis dahin uner-gründeten Kaffeebohnen hergestellt. Sie erfanden damit ein Getränk, das weltweit bis heute Furore machen sollte.

Der verbotene Rausch
Hanf nutzten die Sufis in diesen Ländern auf vielfältigste Weise: Asthma, Gonorrhöe (Tripper), Verstopfung und sogar als Antidot (Gegengift). In Pakistan machten regelmäßige Cannabis-Anwender die Erfahrung, daß sie nicht an Ruhr erkrankten, einer in dieser Gegend häufigen Volksseuche. Bleibt anzumerken, daß die heutigen islamisch-arabischen Medizinbücher keinerlei Rezepte mit Hanf mehr enthalten. Es ist Mohammedanern nicht erlaubt, Haschisch (aus dieser Kul-tur kommt das Wort für den Harz der Pflanze) oder Marihuana zu nehmen.

In der islamisch-arabischen Medizin des Mittelalters findet man viele Hinweise auf die Verwendung von Hanf. Die Sufis benutzten ihn, um sich auf ihre Gebete und Meditationen konzentrieren zu können.

Südostasien – Schmelztiegel der Nachbarkulturen

Die Papuas auf Neuguinea wußten ein Pfeifchen ebenso zu schätzen wie die Igorot, Eingeborene auf den Philippinen. Lei-der gibt es aus der frühen Zeit keine schriftlichen Belege über den Hanfgebrauch in Südostasien. In den letzten Jahrhunder-ten sind sowohl auf dem Festland als auch im Inselreich chine-sische Medizin, Schamanismus, Islam, Buddhismus, westlich-naturwissenschaftliche Einflüsse, Ayurveda und Eingeborenen-Heilkunst zu einer ungewöhnlichen Volksmedizin zusammen-gewachsen. Und obwohl heute beispielsweise in Thailand der Genuß von Cannabis an sich unter Strafe steht, darf Hanf zusammen mit anderen Heilmitteln verschrieben werden. In Laos, Kambodscha und Vietnam wiederum wird Hanf legal als Heilmittel gehandelt. Besonders zur Entspannung und gegen Schmerzen wird er gerne verabreicht. Ayurvedisch (wie in Indien) wird er bei folgenden Krankheiten angewendet: Husten, Schwindelanfällen, Herz-, Lungen-, Leberleiden.

Das härteste Drogengesetz der Welt

Wer heute in Malaysia mehr als 200 g Hanf besitzt, wird erhängt. Dabei gehörte gerade Cannabis früher in jede Hausapotheke, war den Schamanen in Malaysia ihr psychoaktiver und medizinischer Effekt durchaus geläufig. Noch zu Beginn dieses Jahrhunderts wurde Cannabis indica beispielsweise in der Lepra-Behandlung angewandt.

Willkommenes Kraut

Ganz anders ist die Situation in Laos, Kambodscha und Vietnam: Dort ist das getrocknete Cannabis-Kraut auf jedem Markt erhältlich. Kiffen gehört fast zum guten Ton, und was dem Amerikaner sein Aspirin, ist dem Kambodschaner sein Cannabis, will heißen, ein sehr schnelles, den Körper wenig belastendendes Schmerz- und Entspannungsmittel. Es wird auch in der Geburtshilfe, bei Wöchnerinnen (soll Milcheinschuß fördern) und sehr häufig in der Altenpflege (Appetitanreger, Fröhlichmacher) eingesetzt.

Deutschland – die Kräutermedizin des 12. Jahrhunderts

Die Nonne Hildegard von Bingen machte ihre eigene Erfahrung mit Kräutern aus dem Klostergarten und schrieb diese für die Nachwelt auf.

Hundert Jahre später hätte sie die Inquisition nicht überlebt, denn Hildegard von Bingen (1098–1179) war eine Seherin, Heilerin und Ärztin sowie Nonne. Noch heute ist es der katholischen Kirche unmöglich, sie heilig zu sprechen, obwohl sie viel Gutes getan hat. Hildegard hatte schon als kleines, schwindsüchtiges Kind Visionen, die ihr später auf der Trierer Synode (1147/48) als »private Offenbarungen« von der katholischen Kirche anerkannt wurden. Die spätere Äbtissin bemühte sich früh, ihre ungewöhnlichen seherischen Fähigkeiten und ihr Wissen um Medizin und Kräuter innerhalb der Kirche ausüben zu dürfen. So unterhielt sie in ihrem Kloster (im Rheinland) einen Kräuter-, Obst-, und Gemüsegarten, mit dessen Ernte sie experimentierte. Dazu studierte sie antike und arabische Schriften über die Wirkung verschiedener Heilpflanzen und beschrieb in vielen Büchern ihre Erkenntnisse. In »Physica«, dem Buch über die Heilkraft der Natur, legt sie ihr Wissen über Hanf dar. »Causae et curae« beschäftigt sich mit Ursachen und Behandlungen der Krankheiten.

86

Den Hanf beschreibt sie folgendermaßen:

»Der Hanf ist warm, und wenn die Luft weder sehr warm noch sehr kalt ist, wächst er, und so ist auch seine Natur, und sein Same enthält Heilkraft, und er ist für gesunde Menschen heilsam zu essen, und in ihrem Magen ist er leicht und nützlich, so daß er den Schleim einigermaßen aus dem Magen wegschafft, und er kann leicht verdaut werden, und er vermindert die üblen Säfte und macht die guten Säfte stark. Aber wer im Kopf krank ist und ein leeres Gehirn hat und Hanf ißt, dem bereitet dies leicht etwas Schmerz im Kopf. Jenem aber, der einen gesunden Kopf hat und ein volles Gehirn im Kopf, dem schadet er nicht.« (Kapitel 1–11 der »Physica«)

Sie wandte Hanf bei Magenbeschwerden und in Form eines feuchten Hanftuchs auch bei Geschwüren an. Ob sie den psychoaktiven Effekt von Cannabis indica (dessen mildes Anbauklima sie oben beschreibt) je kennengelernt hat, ist leider nicht überliefert.

Hildegard von Bingen empfiehlt Hanfsamen für Magen und Kopf und ein Hanftuch als Auflage bei Geschwüren.

Bereits Hildegard von Bingen erkannte im 12. Jahrhundert die heilende Wirkung von Hanf.

87

Dagga in Afrika

In vielen Gebieten Afrikas wird die Entdeckung psychoaktiver Pflanzen den Pygmäen zugeschrieben. Sie waren es wohl auch, die diese Wirkung bei Hanf konstatierten. Es wird behauptet, die kleinen Männer hätten Marihuana geraucht, bevor sie sich auf die Elefantenjagd machten. In weiten Teilen des schwarzen Kontinents wird das Hanfkraut als »Dagga« bezeichnet. Im 17. Jahrhundert wurden unter diesem Begriff wohl noch alle psychotropen Pflanzen gesammelt. Doch seit sich der Hanf als einfach anzupflanzendes Heilmittel durchgesetzt hat, wird nur noch er so genannt.

Einsatzmöglichkeiten

In Afrika wird Marihuana (»Dagga«) grundsätzlich in der Wasserpfeife geraucht – sei es als Heilmittel, in einem Ritual oder zum Berauschen.

Überall in Afrika wird bis heute Cannabis als Aphrodisiakum, Stimmungsaufheller und Genußmittel geschätzt. Es heißt, er sei gut gegen Erschöpfung, Rheumatismus, verleihe Mut und Kraft. Bei Nervenzusammenbrüchen wird er sogar therapeutisch eingesetzt. Geraucht wird Marihuana von alters her in riesigen Wasserpfeifen. In Religionsriten wurde der Hanfgebrauch als Verbindungsglied zu den Ahnen hervorgehoben. Südafrikanische Hirtenvölker benutzten Hanf sogar als Krebsmittel. Die Bantus lobten die lebensverlängernden Kräfte von Marihuana-Aufgüßen und -Dampfbädern. Die Sotho-Frauen schworen auf Marihuana während der Geburt und wandten es schon während der Schwangerschaft an (medizinische Folgen für den Fötus sind noch immer nicht untersucht!), damit das Kind kräftig und gesund zur Welt komme. Schon seit 500 Jahren nutzen Buschmänner Marihuana-Rauch bei kollektiven Heilriten (alle Gesunden rauchen, tanzen und beten für die Kranken).

Rechtliche Lage

Nun ist es keineswegs so, daß der Gebrauch von Cannabis in allen afrikanischen Ländern erlaubt ist (fast das Gegenteil ist der Fall), doch ein weitläufiger Kontinent ist nicht so leicht unter Kontrolle zu bringen, wie zum Beispiel Deutschland. Infolgedessen ist der Gebrauch der Wasserpfeife in Afrika nach wie vor auf der Tagesordnung.

Die Alchimisten des Späten Mittelalters

Die Alchimie verbindet Materie mit Geist. Aufgebaut ist sie aus dem Zusammenhang der Stoffe und der aus den vier Elementen (Luft, Wasser, Feuer, Erde) zusammengesetzten Welt. Schon im Altertum handelte es sich um eine Geheimwissenschaft. Neben dem hinlänglich bekannten Ziel, aus Blei Gold herzustellen, stand die Entdeckung, Herstellung und Verbesserung von Medikamenten. Dieser Aufgabe widmeten sich vor allem die ägyptischen und griechischen Alchimisten. Das Ziel wurde auch in der Hochzeit der Alchimie beibehalten, als der Aufbau komplizierter philosophischer Weltbilder in den Vordergrund rückte. Vorgänge aus der Natur ins Labor zu holen und dort zu perfektionieren, war die wichtigste Arbeitsmethode der Alchimie. Destillate wurden geboren. Das für die spätere Apothekerkunst wichtige Grundwerk »Die Kunst des Destillierens« empfahl auch schon Hanfkraut zur Destillation. Damit sollten bei Kopfschmerzen Kopf, Schläfe und Stirn zwei- bis dreimal täglich eingerieben werden.

Aus dem Kräuterbuch des 17. Jahrhunderts

Nicholas Culpeper (1616-1654), der englische Astrologe, Arzt, Apotheker und Verfasser des einflußreichsten Kräuterbuches des 17. Jahrhunderts (»Culpeper's Complete Herbal«), über den Hanf:

»Er ist eine Pflanze des Saturns. Die Samen vertreiben den Wind, und zu viel Gebrauch läßt den Samen der Vermehrung eintrocknen; wird er aber mit Milch gekocht und eingenommen, so hilft dieses bei heißem oder trockenem Husten.«

Der Mediziner, der für die nächsten drei Jahrhunderte den Gebrauch von Kräutern in Großbritannien bestimmte, empfahl Hanfsamen außerdem bei Gelbsucht. Emulsionen und Dekokte (konzentrierte Aufgüsse) der Samen wirkten – so Culpeper – »abführend und verflüssigend, erleichtern Koliken, beschwichtigen die unangenehmen Körpersäfte der Gedärme, stoppen das Bluten in Mund, Nase und anderen Orten.«

Darüber hinaus empfahl Culpeper das Dekokt der Wurzeln, das Kraut oder das destillierte Wasser gegen Entzündungen, gegen Schmerzen der Gicht, Knoten in den Gelenken,

Das Destillieren ist ein wichtiger Vorgang in der Alchimie. Auch Hanf wurde in destillierter Form als Heilmittel verabreicht.

Schmerzen in der Hüfte. Bei Verbrennungen riet er zu Wurzel mit Butter oder Öl vermischt. Heute weiß man, daß Fett auf Brandwunden verheerend wirkt. Kühlung durch fließend kaltes Wasser ist hier als korrekte Erste-Hilfe-Maßnahme angesagt.

Rußlands ältestes Volksmedikament

Seit der Zeit der Skythen, dem Reitervolk zwischen Donau und Schwarzem Meer, weiß man auch in Rußland von der heilenden Wirkung des Hanfs.

»Hast du Haschisch in den Taschen, hast du immer was zu naschen« war ein beliebter Spruch unter deutschen Kiffern. Im Russischen heißt Cannabis »Nascha«.

Einige Botaniker behaupten, der Hanf sei ursprünglich am Kaspischen Meer (in Kasachstan) gewachsen und erst über die Skythen in Richtung Zentral- und Westasien verteilt worden. Man kann also davon ausgehen, daß Cannabis zu den ältesten Heilpflanzen Rußlands gehört. Die Menschen dieser Region waren oft darauf angewiesen, sich selbst helfen zu können, weil es weit und breit keinen Arzt gab, der sie hätte behandeln können. Also verließen sie sich auf das Wissen ihrer Alten über Kräuter und andere Heilpflanzen.

Für Mensch und Tier

In Rußland wurde Hanf sogar in der Tiermedizin eingesetzt: Wenn eine Katze Fliegenpilze gefressen hatte (und das tut sie ganz gern mal), wurde sie hinterher in ein Hanffeld gesetzt, um sich soviel von den grünen Pflanzen zu Gemüte zu führen, bis es ihr wieder gutging. Mit einem Kranz aus in der Johannisnacht gepflückten Marihuana-Blüten sollte in der Ukraine das Vieh vor dem »bösen Blick« geschützt werden. Menschen sollten diese Zeremonie vor Hexerei bewahren.

Schmerzende Zähne

Aus dem Rußland des 16. Jahrhunderts stammt ein Rezept gegen Zahnschmerzen, die – wie man damals annahm – von Würmern verursacht wurden: »Für Würmer in den Zähnen, koche Hanfsamen in einem neuen Topf und gib heiße Steine hinzu. Wenn der Dampf eingeatmet wird, fallen die Würmer heraus.«

Der »Quacksalber« hatte in früheren Zeiten die Aufgabe, die richtige Medizin für die verschiedenen Krankheiten zusammenzustellen. Oft verwendete er auch Hanf.

Liebeszauber mit Hanf

Haschisch wurde in Rußland gerne als Aphrodisiakum eingesetzt. Das Harz wurde in Lammfett aufgelöst und als Brotaufstrich gegessen. Bei Kopfschmerzen wurde das Fett auch in die Schläfen einmassiert. Diese Mischung wurde besonders jungfräulichen Bräuten in der Hochzeitsnacht empfohlen. Es sollte sie erregen und gleichzeitig den Deflorationsschmerz eindämmen. In Taschkent (Zentralasien) bekamen Jungen vor ihrer Beschneidung Haschisch-Konfekt, um die Schmerzen zu lindern. Und die Männer stellten mit Hanfblüten (Rosenblüten, Blütenblättern der Gartennelke, Bertramwurzelpulver, Safranfäden, Muskat, Kardamom, Honig, Zucker und Mandelbutter) einen "Fröhlichkeitsbrei" her, den sie besonders gern zu sich nahmen.

Die alte russische Medizin nutzte hauptsächlich das Harz der Pflanze, also Haschisch, gegen Krankheiten und als Stimulans.

91

Mexiko – die Heimat des Marijuanas

Marihuana ist heute das gebräuchlichere Wort, aber eigentlich müßte es – geht man vom mexikanischen Original aus – »Marijuana« heißen. Diese Zusammensetzung der Frauennamen Maria und Juana (Maria-Johanna) deutet auf den Genuß der weiblichen Blüten (Mexikaner nutzen auch Haschisch, die Blätter kaum) und auch die aphrodisische Wirkung hin. Medizinisch genutzt werden die Blüten (und die oberen Stengel) als Mus mit Rohrzucker und Chili in einem Glas Milch oder einem Schnapsglas Mescal.

Lebendige Traditionen

Auch heute noch wird Hanf volksmedizinisch stark genutzt. Geraucht wird er gegen Asthma und andere Muskelkrämpfe. Alkoholischer Extrakt (Rezept siehe unter Arthritis) wird verwendet gegen Tobsucht, Delirium tremens, Tetanus (Wundstarrkrampf), Koliken, Tuberkulose, Diarrhöen, bei Schlaflosigkeit und Nervosität. Als Rausch- und Entspannungsmittel wird Marijuana in weiten Teilen der Bevölkerung angewandt. Die mexikanischen Heiler, die Curanderismo, haben dieses Wissen über Heilmethoden mit Hanf auch in Kolumbien verbreitet. Dort werden auch Linimente (alkoholische Aufgüsse zum Einreiben) verwendet. Sie kommen zum Einsatz bei rheumatischer Arthritis. An sich gilt Kolumbien als das Land des Kokains, doch Marijuana wird hier nicht seltener geraucht als in Mexiko und anderen Ländern, in denen die Verwendung nicht verboten ist.

Brasilien – Hanf als Kautabak

Curanderismo sind die mexikanischen Heiler, von denen Hanf in Form von Marihuana gegen vielerlei Leiden verabreicht wurde.

Das ist wohl die ungewöhnlichste Art, Hanf anzuwenden: Die Brasilianer benutzten ihn als Priem (Kautabak). »Maconha« (so heißt Marihuana dort) ist seit mehr als 400 Jahren in Brasilien heimisch. Er wurde schon immer als Faserlieferant, Genußmittel und Medizin verwendet – allerdings weniger von den Einheimischen als von zugezogenen Europäern und verschleppten Afrikanern. Insofern sind aus der Zeit vor diesen Einwanderungen auch wenig religiöse Hanf-Riten überliefert. In Brasilien fand Hanf seine Verbreitung über die Unterschicht. Inzwischen haben auch Mittel- und Oberschicht des südamerikanischen Landes Marihuana entdeckt. Geraucht haben Maconha lediglich die brasilianischen Tenetehara-Indianer. Früher wurden Wasserpfeifen verwendet, heute sind es eher Joints, manchmal mit Tabak gemischt.

Das Heilmittel »Maconha«

Therapeutische Wirkung wird Marihuana bei folgenden Krankheiten zugesprochen: Rheuma, Koliken, Zahnschmerzen (Blüten um den Zahn gelegt), Asthma, Menstruationsbeschwerden, Ruhr, gegen Schmerzen allgemein und zur Entspannung nach harter Arbeit.

Amerika im 16. Jahrhundert

Von alters her gibt es einen indianischen Hanf (Apocynum cannabium), der aber mit dem uns bekannten Hanf nicht das Geringste zu tun hat. Cannabis kam mit den Europäern nach Amerika. Genauso wie die Pioniere (bevor sie anfingen, die Indianer auszurotten) viel von den Eingeborenen lernten, übernahmen die Indianer deren Pflanzen und Kräuter und probierten aus, ob sie ihnen bekamen und welche Wirkung sie hatten. Der in Nordamerika eingeführte Hanf entwickelt hohen Wuchs, starke Fasern und einen hohen THC-Gehalt.

Die Hanfpflanze ist von den Europäern erst nach Amerika gebracht worden. Die nordamerikanischen Indianer bauten sie bald in ihre Riten ein und rauchten auch die Friedenspfeife mit Marihuana.

In der Pfeife geraucht

Die Friedenspfeifen der Indianer in Amerika waren schon immer mit Kräutern (die zum Teil halluzinogene Wirkung hatten) gefüllt worden, und so dauerte es nicht lange, bis die traditionellen Pfeifen auch mit Marihuana gestopft wurden. Auch heute wird in den Reservaten Marihuana verwendet, denn es erwies sich als weitaus weniger schädlich für die Indianer als das Feuerwasser.

Die Irokesen entdeckten früh die psychoaktive Seite des Hanfes und gaben ihn ihren Kranken. Es gab aber auch Riten, wie zum Beispiel den Sonnentanz der Dakota, auf den sich die Indianer vier Jahre lang vorbereiteten, bei denen das Rauchen absolut untersagt war, weil es die Betreffenden wankelmütig mache und die Reinheit der Zeremonie zerstöre.

Samuel Hahnemann, der Begründer der Homöopathie, verabreichte im 19. Jahrhundert Hanfsaft in Urtinktur.

Homöopathie aus Deutschland

In der Homöopathie wird Ähnliches mit Ähnlichem behandelt. Pflanzen, die Giftstoffe enthalten, können so wirkungsvoll bei Krankheiten eingesetzt werden.

Ein Tee aus Chinarindenbaum brachte den Arzt Samuel Hahnemann (1755–1843) auf eine verblüffende Idee. Nachdem der gesunde Mediziner den chininhaltigen Tee getrunken hatte, stellten sich bei ihm nämlich Fiebersymptome ein. Daraus zog Hahnemann die These, Gleiches mit Gleichem zu vergelten, ging also davon aus, daß das, was den Gesunden krank macht, den Kranken mit genau denselben Symptomen gesund machen müßte.

Weiterhin stellte Hahnemann fest, daß seine These davon abhängt, welche Konzentration das jeweilige Mittel hat. Je höher diese war, desto giftiger der Stoff, je weiter verwässert, desto purer – so meinte der Vater der Homöopathie – die Heilwirkung. Hahnemann schrieb etliche Werke zu diesem Thema und dozierte die neue Lehre selbst an der Universität Leipzig. Das war der Beginn der Delutionen, die folgendermaßen funktioniert: Man nimmt 1 ml eines Heilstoffes (Beispiel Urtinktur: in Alkohol gelöstes Haschisch) auf 10 ml Wasser. Davon nimmt man 1 ml und vermengt es wiederum mit 10 ml reinem Wasser. Und so weiter. D 3 gibt z. B. an, daß dieser Vorgang dreimal, bei D 30 dreißig Mal wiederholt wurde.

Indica oder sativa – der kleine Unterschied

Hahnemann schrieb über Cannabis sativa: »Bisher wurde Hanf bei akutem Tripper und bei einigen Arten von Gelbsucht mit Nutzen gegeben. … In persischen Wirtshäusern bedient man sich des Krautes, um die Ermüdung der zu Fuß Reisenden zu heben. … Lange Zeit gab ich Hanfsaft in Urtinktur, in der Gabe des kleinsten Teils eines Tropfens. Aber jetzt finde ich, daß die Potenz C 30 diese Arzneikräfte höher entwickeln kann.«

Und über Cannabis indica schrieb der Homöopath: »Ruft höchst bemerkenswerte Halluzinationen und Vorstellungen hervor, Übertreibungen von Zeitdauer und Raummaß sind äußerst charakteristisch. Kann Zeit, Raum und Ort nicht mehr begreifen. Ist außergewöhnlich glücklich und zufrieden, nichts stört mehr. Gedanken stürmen auf ihn ein. Hat einen stark beruhigenden Einfluß auf viele Nervenleiden wie Epilepsie, Manie, Demenz, Delirium tremens, und übersteigerte Reflexe, Morbus Basedow, Katalepsie (= Starrkrampf).«

Angewandt wird Hanf auch heute noch in der Homöopathie. Die Urtinktur ist rezeptpflichtig, Delutionen (als Kügelchen oder Tropfen) gibt es nur in Apotheken zu kaufen.

Nicht jedem muß bei Krankheit dasselbe Mittel helfen. Die Homöopathie berücksichtigt, welchen Typ der einzelne verkörpert. So kann es durchaus sein, daß ein Mensch Cannabis verordnet bekommt, während es bei anderen nicht wirkungsvoll wäre.

Eine Potenz in der Homöopathie ist immer eine zehnfache Verdünnung einer Lösung in Wasser. Der eigentliche Wirkstoff ist schließlich derart verdünnt, daß er kaum noch nachweisbar ist.

Das Hahnemann'sche Prinzip

»Jede wirksame Arznei erregt im menschlichen Körper eine Art eigener Krankheit. Man ahme die Natur nach, welche zuweilen eine chronische Krankheit durch eine andere hinzukommende heilt und wende in der zu heilenden (vorzüglich chronischen Krankheit) dasjenige Arzneimittel an, welches eine andere, möglichst ähnliche, künstliche Krankheit zu erregen im Stande ist, und jene wird geheilet werden: Similia similibus (= Ähnliches mit Ähnlichem).« (Hahnemann, 1796)

Marokko – der Kif vom Rif

*Marokko ist eines der
wenigen Länder, in
denen auch heute
noch Cannabis als
Rauschmittel erlaubt
ist. Marokkos Frauen
allerdings ist das Kif-
fen untersagt.*

Im heutigen Hauptanbaugebiet für Hanf, im Rif-Gebirge von
Marokko, gibt es erst vom 19. Jahrhundert an schriftliche
Belege über Cannabis, der hier schlicht »Kif« genannt wird.
Die Berber, die dort Hanf anbauen, sprechen dem Kraut reichlich zu. Einheimischen ist das Rauchen auch seitens der Regierung erlaubt. Nur der Handel ist verboten, was aber schwer
durchzusetzen ist, weil die meisten Zollbeamten eben auch kiffen. Im 19. Jahrhundert, als der Handel noch erlaubt war,
bedienten die Rif-Bauern 90 % des französischen Apotheken-
bedarfs. Im Erzeugerland selbst wurde Hanf kaum als Medizin
verabreicht, sondern eher als Entspannungsmittel und Aphrodisiakum geraucht.

Frauen ist der Genuß von Kif übrigens verboten. Sie könnten
womöglich zu schamlosen Nymphomaninnen mutieren, meinen die Marokkaner. Kif ist in diesem nordafrikanischen Land
bei jedem Kräuterhändler frei käuflich.

*Marihuana wird
bevorzugt in der
Wasserpfeife geraucht.*

Die deutsche Volksmedizin des 19. Jahrhunderts

In jedem guten deutschen Haushalt des vergangenen Jahrhunderts (in dem man lesen konnte) gehörte ein »Arztbuch«, mit dessen Hilfe die ganze Familie sich medizinisch selbst versorgte. Das berühmteste dieser Bücher war von dem Rostocker Medizinprofessor Georg Friedrich Most (1794–1842) verfaßt und ein Jahr nach seinem Tod unter dem Titel »Encyklopädie der Volksmedicin« ein Standardwerk, das bei seiner Neuauflage 1849 unter dem Titel »Der Hausarzt« zum Verkaufsrenner wurde.

Der Volksmediziner Most empfahl, gegen Nervenschmerzen, Koliken, Magenkrämpfe oder Verhärtung des Uterus die betroffenen Teile mit Hanfsamenöl einzureiben. Andere setzten Hanfsamen bei »Schmerzen, Seitenweh, Husten und gelber Sucht« ein. Ebenso wirkt die Pflanze als Schlafmittel, so daß Hanf auch in der Anästhesie angewendet wird. Auch über Zubereitungen des Hanfs als Rauschmittel in anderen Ländern wußte Most in seinem Buch zu berichten. Ein Trank aus Blättern war ihm z. B. aus Indien bekannt, auch die Mischung mit anderen Zutaten zu einem Brei oder zu Pillen.

Ein Grundrezept für alles

Most widmete viel Zeit und Platz in seinem Buch der Anwendung von Hanf. Er sollte vor der Blüte geerntet, mit Flußwasser übergossen und ausgepreßt, durch Abkochen zu einem dickflüssigen Extrakt verarbeitet werden. Dies war die Grundlage aller Rezepturen. Und der Mediziner warnt vor dem Mißbrauch dieses Extrakts als Aphrodisiakum. Gleichzeitig gibt er aber das richtige Rezept preis:

Das Thema, ob Hanf als Aphrodisiakum dienen könnte, ist nicht erst in der Volksmedizin des 19. Jahrhunderts aufgekommen. Die Frage ist immer noch unbeantwortet.

Der Liebes-Extrakt

»Hanf-Extrakt, zwei Quentchen (= 3,34 g), Pomeranzenblüthwasser, sechs Unzen (= 170,1 g), Spanisch Pfeffer-Tinktur, ein halb Loth (= knapp 8 g). Man nimmt davon ein bis zwei Stunden ante actum (= vor dem Geschlechtsakt) ein bis zwei Eßlöffel voll mit Wein.«

Jamaika und die Rastafari

Den Rastafaris zufolge hat Gott den Menschen Hanf zur Gesundheit geschenkt. Das »heilige Kraut« wird vielfach in ihrer Musik besungen.

Auf der Karibikinsel Jamaika haben sich die Rastas, Nachfahren der aus Afrika verschleppten Sklaven, 1930 zu einer Glaubensgemeinschaft namens Rastafari oder Rastafaria zusammengefunden. Sie verehrten Haile Selassie I. von Äthiopien als ihren Gottkönig Ras Tafari (= Kopf ohne Furcht). In ihrem Kult soll er der 225. Nachkomme der Königin von Saba und des weisen Königs Salomon gewesen sein. Von ihm erhoffen sie sich die Befreiung von weißen und schwarzen Unterdrückern, und er soll ihnen die friedliche Heimkehr in ihre angestammte Heimat Afrika ermöglichen. Die Rastafari sehen in der Bibel Hinweise auf Hanf als das »heilige Kraut«, das Gott den Menschen schenkte. In der wissenschaftlichen Bibelauslegung ist diese Sicht bisher nicht bestätigt worden.

König Salomon

Die Tradition, Hanf zu Ehren Gottes zu rauchen, geht aber schon auf den Stammvater, also Salomon, zurück. Nach dem Glauben der Rastafaris sei das Gras zuerst auf dem Grab Salomons, des Weisesten aller Weisen, gewachsen, deshalb gilt es auch als Kraut der Weisheit. Die Rastafari nennen ihr Kraut »herb«, bessere Qualitäten »kali« und die beste Sorte »sensi«. Im alltäglichen Sprachgebrauch findet man auch das indische »Ganja« für Marihuana.

Marihuana in der Religion

Der erste Cannabis-Rausch ist so eine Art Aufnahmeritus für die Rastafari-Gemeinde. In diesem Zustand soll das neue Gemeindemitglied Visionen von seinem Lebensweg erleben können. Alkohol ist unter Rastafari übrigens streng verboten, ein solcher Rausch gilt als aggressionsfördernd, asozial und verwerflich. Alkohol darf höchstens genutzt werden, um die Wirkstoffe des Cannabis zu lösen. Und dann auch nur für den medizinischen Gebrauch. Marihuana ersetzt im Gottesdienst außerdem den Weihrauch.

Hanf in der traditionellen Küche

Hanfsamen gehören in viele Armenküchen auf der ganzen Welt. Rastafari bauen Cannabis regelrecht in ihren Speiseplan ein, und das in vielfältiger Form. Kochbananen und Eintopfgerichte werden mit den harzigen Blüten gewürzt, aus Stengeln und Blättern wird Tee, und ein Sud aus grünen Blättern dient zum Gemüsekochen. Kindern wird gern eine Art Spinat auf den grünen Blättern serviert.

Der Reggae

Ganz stark ist auf Jamaika auch die Verbindung von Musik und Ganja. Während Reggae-Sänger Bob Marley (†) Stein und Bein schwor, trotz Lungenkrebs noch Fußball spielen zu können, eben weil er Joints rauchte, nahmen seine Kollegen Macka B und Peter Tosh ihre Liebe zu Marihuana sogar in ihre Texte auf.

Die Medizin

Hanf ist das wichtigste Heilmittel der Rasta-Medizin. Salben aus zerstampften Blättern und Fett werden als äußerlich aufzutragendes Schmerzmittel verwendet. Offene Wunden und innerliche Schmerzen werden mit einem Breiumschlag bekämpft. Hanf-Tee wird auch gern prophylaktisch angewandt. Manchmal werden Neugeborene mit Hanfbrei abgerieben, was ihnen Mut und Stärke verleihen soll.

Die Entdeckung von Hanf als Mittel gegen erhöhten Augeninnendruck, wie er beim Grünen Star auftritt, ist womöglich jamaikanischen Fischern zu verdanken.

Der Volksglaube findet inzwischen ein Echo in der Wissenschaft: Ein Pharmakologe und ein Augenarzt untersuchten die Behauptung jamaikanischer Fischer, sie könnten nach dem Genuß von Ganja nachts besser sehen und ihre Boote lenken. Die Fischer trinken eine Stunde vor dem Auslaufen in Rum gelöstes Ganja. Die Doktoren West und Lockhart stellten fest, daß Alkohol aus dem Ganja den Wirkstoff Canasol löst. Und genau der senkt den Augeninnendruck, womit die Nachtsichtigkeit verbessert wird. Ganja in Alkohol wird inzwischen auch von offizieller Seite gegen den Grünen Star verschrieben.

Geht es nur um eine gute Stimmung, wird gerne »Tonic« getrunken. Hierzu legt man die Blüten ca. eine Woche lang in weißem Rum ein und süßt nach Belieben mit Honig nach.

99

Für die Ausübung bestimmter Riten finden sich archäologisch immer mehr Hinweise auf Hanfanwendungen in allen Kulturen, z.B. als Grabbeigabe.

Cannabis, Religion und mystische Kulte

Buddhismus (Tibet, Indien, China)

In China nutzte man Cannabis schon vom 5. Jahrhundert v. Chr. zu Initiationsriten und zur Förderung mystischer Erfahrungen als Droge in Form von Rauch. Die Tibeter und ihre Lamas nennen Hanf »die heiligste Pflanze«. Das hat sicher auch damit zu tun, daß der Religionsstifter Siddharta sechs Jahre lang (während seiner Askese) nichts anderes zu sich nahm als einige Hanfsamen. Dann erlangte er die Erleuchtung und wurde zum Buddha. Er sah die Wahrheit – so sagen die Überlieferungen – und fand zu seiner Lehre von den vier Tugenden (Tantras) und dem achtfachen Pfad. Auch heute noch wächst in den Klöstern Tibets Marihuana, verwenden ihn die Mönche als Meditationshilfe.

Dagga-Kulte (Afrika)

Die eigentlichen Entdecker des Hanfes und seiner Wirkung waren ja die Pygmäen. Bei den Bantus stand die Benutzung dieser Pflanze und ganz besonders seiner Cannabinole nur den Herrschern zu. Pygmäen, Zulus und Hottentotten dagegen benutzten das Heilkraut gegen Krämpfe, Epilepsie und Gicht sowie als kultisches Sakrament.

Essäer (Israel)

Die Ordensgemeinschaften dieser jüdischen Asketen (2. Jh. n. Chr.) nutzten die Heilkraft des Hanfes medizinisch. Der etwa 200-300 Jahre jüngere jüdische Einsiedler-Orden der Therapeuten (Ägypten) hatte diese Kenntnisse auch schon. Auch aus diesem Grund vermuten einige Wissenschaftler eine gemeinsame Grundlage der religiösen Gemeinschaften in den Lehren Zarathustras.

Hinduismus (Indien)

Über ihren Gott Shiva erzählen die Hindus, er habe »den Menschen zur Erbauung und Erleuchtung den Cannabis vom Himalaja gebracht«. Bettler-Eremiten (»Sadhus« genannt) reisen noch heute durch Indien und lassen eine Pfeife, die mit Cannabis (und oft auch anderen Substanzen) gefüllt ist, in Gesprächsrunden herumgehen.

Koptische Christen (Ägypten, Äthiopien)

Die Bibel als Grundlage für den Cannabis-Gebrauch geben einige der koptischen Christengemeinschaften an. So vermuten sie, daß »das grüne Kraut«, von dem in der Heiligen Schrift mehrfach die Rede ist, auch Grundlage zu Rauchzeremonien und Salbenherstellung war.

So wie Hanf als Heilmittel über die ganze Welt verbreitet ist, wird er auch seit langem in Religionen und mystischen Kulten eingesetzt.

Parsen (Persien)

Bei der Geburtshilfe, als sakrales Rauchwerk, als Salb- und Tauföl (und schlicht als Leuchtöl) verwendeten die Parsen, die zwischen dem 8. Jh. v. Chr. und dem 5. Jh. n. Chr. existierten, Cannabis. Zarathustra reformierte diese Religion, und seine Anhänger nannten sich »magi« (=Weise). Sie gingen davon aus, daß es sich bei den Heiligen Drei Königen in der Bibel tatsächlich um »magi« handelte.

Shintoismus (Japan)

Cannabis galt als wichtiges Ritual bei Hochzeiten, sein Rauch sollte böse Geister abschrecken und den jungen Eheleuten nur Frohsinn und Glück bringen.

Sufis (Mittlerer Osten)

Die islamischen Mystiker nahmen Cannabis schon mindestens seit tausend Jahren als Wegbereiter göttlicher Offenbarungen, um Erkenntnisse zu sammeln und um schließlich zu einer Einheit mit Allah zu verschmelzen.

Hanfsamen
und Öl für die moderne
Ernährung

Das Beste, was man für seine Gesundheit tun kann, ist, sich gesund zu ernähren. Damit stärkt man den Körper und gibt ihm wichtige Nähr- und Aufbaustoffe. Mit Hanfsamen erhält der Körper proteinreiche Nahrung, das Immunsystem wird gestärkt, und Haut und Haare bekommen ein schönes, gepflegtes Aussehen. Weder im Samen noch in dem daraus gewonnenen Öl ist THC enthalten -- also keine Angst vor ungewollten Rauschzuständen bei der Anwendung!

Warum Hanfsamen so gesund sind

Die Samen jeder Hanfpflanze sind ideal für unsere Ernährung. In früheren Zeiten hat man die Samen zu Mehl gemahlen und zum Backen oder als Brei in Milch und Suppe verwendet. Auch das Auspressen der Samen ist seit ihrer Nutzung als Kulturpflanze bekannt. Es wird ein reichhaltiges Öl gewonnen, das vielfältige Einsatzmöglichkeiten in der Ernährung, aber auch als Massageöl, in der Kosmetik und letztlich sogar als Treibstoff für Motoren findet.

Es sei nochmals betont, daß Hanfsamen (und das Öl) kein THC enthalten, also keine berauschende Wirkung erzeugen können. Samen und Produkte aus Hanfsamen sind frei käuflich und dürfen von jedem konsumiert werden.

Aussehen und Inhalt

Während Leinsamenkörner rund und platt sind, haben die ebenso hartschaligen Hanfsamen eine eher ovale Form und sind kugelig. Die THC-armen Samen enthalten beste Ölbestandteile, Mineralstoffe, Vitamine und vor allem das seltene Vitamin K. Besonders Säuglinge, die dieses Vitamin noch nicht im eigenen Darm bilden können, brauchen es. Bei Erwachsenen wird Vitamin K täglich mit einem Milligramm selbst produziert; es dient der Blutgerinnung.

Machen Sie den Test: Wenn Sie Hanfsamen kaufen wollen, probieren Sie sie noch im Geschäft. Sie dürfen nicht ranzig schmekken, sonst sind sie alt und gesundheitlich nicht mehr wertvoll.

Grünes Öl für gesundes Essen

Aus den Samen des Cannabis sativa läßt sich ein hochwertiges Öl gewinnen. Sein Geschmack ist frisch und nussig, seine Farbe bräunlich-gelb, grüngelb oder dunkelgrün, je nach verwendeter Hanfsorte. Es enthält 83,4 % ungesättigte Fettsäuren, die für den Menschen so wertvoll sind, weil sie unser Verdauungssystem durchlaufen, ohne sich festzusetzen und Arterien zu verfetten. Darüber hinaus weist Hanföl einen höheren Prozentsatz (2 %) von Gamma-Linolen-Säure (GLA) aus als alle anderen Speiseöle. Diese Stoffe sind besonders wertvoll für das Immunsystem, das sich mit ihrer Hilfe vor Viren schützt. Und

Hanföl enthält das relativ seltene Vitamin K (2-Methyl-1,4-Naphtochinon), das in der Regel dem Körper nicht zusätzlich angeboten werden muß, aber auch nicht schadet.

Kalt genießen

Auf den nächsten Seiten finden Sie noch mehr Rezepte, um Hanföl sinnvoll in Ihren Speiseplan zu integrieren.

Wegen seiner besonderen Ingredienzen wäre es schade, Hanföl zum Braten zu verwenden, denn bei Erhitzung geht das Beste im Öl kaputt und würde zu gesundheitsschädlichen Trans-Fettsäuren umgewandelt. Besser eingesetzt wird Hanföl beispielsweise in Salaten und bei kalten Gerichten. Theoretisch ließe sich aus Hanf auch Margarine herstellen.

Eine Studie der Universität Ulm hat ergeben, daß man beim Verzehr von nur 40 Millilitern einiger Sorten von Hanföl eine Konzentration von sechs Milligramm THC im Körper erreicht – etwa die Menge, die einem halben Joint entspricht. Bei einer Urinprobe ist nicht festzustellen, wie man dieses THC aufgenommen hat – daher Vorsicht beim Autofahren! Auch Shampoos auf Hanfbasis sollen eventuell THC-Rückstände hinterlassen.

Hanföl eignet sich hervorragend für Salate und kalte Gerichte. Bei Erhitzung gehen die wertvollen Ingredienzen kaputt.

Pflanzenöle im Vergleich

Gerade als Salatöl sind bei uns heute Sonnenblumen- oder Distelöl bzw. Olivenöl die gebräuchlichsten Formen. Das ausgewogene Verhältnis bei Hanfsamenöl von Proteinen und Fettsäuren aber macht dieses altbekannte Pflanzenöl für unsere heutige gesundheitsbewußte Ernährung wieder so attraktiv. Wenn auch andere Öle im Vergleich mit Hanföl im einzelnen bessere Werte erzielen (Bsp.: Rapsöl hat noch weniger gesättigte Fettsäuren und Leinöl noch mehr Linolensäure), so ist doch die Zusammensetzung bei Hanföl nahezu ideal. Das macht die Überlegenheit dieses speziellen Speiseöls aus.

Im Moment ist das im Handel erhältliche Hanföl im Vergleich noch sehr teuer (bis zu 100 DM pro Liter). Mit zunehmender Popularität und besseren Vertriebswegen sowie erleichterten Herstellungsverfahren kann es sich auf dem Markt aber rasch auf das Preisniveau guter anderer Pflanzenöle einpendeln.

Die optimale Zusammensetzung von Fettsäuren im Hanföl macht es für die bewußte, moderne Ernährung interessant: am besten kalt auf Salate und an Gemüse.

Tabelle zum Vergleich

Inhaltsstoffe in Prozenten	Ölsorten					
	Hanf	Raps	Soja	Oliven	Lein	Sonnen-blumen
gesättigte Fettsäuren	9,5	6	14	14,5	13	7,5
ungesättigte Fettsäuren	83,4	92	85	84	90	86,5
davon Linolsäure	48,8	20	56	7,5	24	63
Linolensäure	22,8	9	8	1	49	0,5
Ölsäure	11,8	63	21	75,5	17	23

Haltbarkeit beachten

Das frische Hanf-samenöl hat einen angenehm nussigen Geschmack und eine grünliche Farbe. Die angebrochene Flasche sollte man bald auf-brauchen, weil das Öl relativ schnell an Wert verliert.

Hanf-Speiseöl sollte rasch aufgebraucht werden. Es ist zwar etwa ein halbes Jahr haltbar, wenn Sie die Flaschen kühl und dunkel lagern. Doch bereits sechs Wochen nach dem Öffnen der Flasche beginnt ein Oxidationsprozeß, der die wertvollsten Fettsäuren des frischgepreßten Öls zerstört. Dieses Problem taucht bei allen Produkten mit hohem Anteil an essentiellen Fettsäuren auf.

Essentielle Fettsäuren sind solche, die der Körper braucht, aber nicht selbst produzieren kann. Erst 1986 gelang es, Öl beim Kaltpressen von Sauerstoff freizuhalten. Im fertigen Pro-dukt arbeiten diese Säuren aber weiter. Darum findet man sie auch nie in Nahrungsmitteln mit langer Haltbarkeitsdauer. Auch die Samen, zu Mehl verarbeitet oder geröstet, verlieren schnell an Haltbarkeit und werden ranzig.

Angenehme Resteverwertung

Da man das Öl aber für alle Salate, in Quarkzubereitungen, zu Kartoffeln oder anderem Gemüse verwenden kann, wird sich die Flasche – einmal in Ihrem Haushalt – schnell leeren.

Ein Tip aus der Kosmetik: Sie können den Rest Ihres Hanfsa-menöls auch als Massageöl für Ihren Körper verwenden.

Richtige Ernährung für Schwerkranke

Das Spektrum der Einsatzmöglichkeiten für Hanföl in der Medizin ist groß: Aids, Krebs, Multiple Sklerose, Gallen-steine und Akne werden in Amerika untersucht. Diäten, die mit Hanföl einhergehen, sollen den Gesamtzustand Schwerkranker verbessern, ungesättigte Fettsäuren statt gesättigter für eine bessere Haut in der Pubertät sorgen. Das Hautbild bei Schuppenflechte und Neurodermitis soll sich durch die äußerliche Anwendung des grünen Öls ebenfalls deutlich bessern. Das bei Neurodermitis häufig auch innerlich angewandte Nachtkerzenöl (9 % GLA) ließe sich eventuell mit einer hanfölreichen Ernährung preiswert umgehen.

Kochen und Zubereiten mit Hanf

Hanfsamen und das Öl schmecken gut, lassen sich leicht verarbeiten und sind sehr gesund. Drei Gründe, sich auf ein altes Nahrungsmittel wieder zu besinnen und etwas Abwechslung in die eigene Küche zu bringen!

Bei den unten beschriebenen Rezepten handelt es sich um von uns getestete, bzw. weiterentwickelte Gerichte. Grundlage ist immer der Hanfsamen, den Sie außer in auf Hanf spezialisierten Geschäften auch schon in gutsortierten Reformhäusern bekommen. Hanfsamen sollte frisch verwendet und vor der Verarbeitung gründlich gewaschen werden.

Die Rezepte hier und auf den folgenden Seiten können Sie bedenkenlos nachmachen, weil Hanfsamen und Öl frei von THC und im Handel erhältlich sind.

Hanf-Popcorn
etwas Butter für die Pfanne
1 Tasse Hanfsamen
Salz oder Zucker zum Würzen

Eine gute Handvoll Hanfsamen in eine Pfanne mit wenig Butter unter geringer Hitze langsam aufpoppen.

Vorsicht: Die Samen dürfen nicht schwarz werden, denn dann sind alle gesunden Inhaltsstoffe verbrannt.

Mit Salz und anderen Gewürzen ist das Hanf-Popcorn eine leckere Knabberei, man kann es aber auch auf Salate, Suppen oder Aufläufe streuen.

Hanfsamen-Sprossen
Eine wunderbare Zutat zu frischen Salaten (Obst oder Gemüse) sind die Keimlinge aus Hanfsamen. Sie zu ziehen, ist aber eigentlich schon verbotene Aufzucht. Wer's dennoch wagen will:

Samenkörner über Nacht einweichen und dann drei Tage lang bei Sonnenlicht auf der Fensterbank keimen lassen. Zwischendurch immer wieder spülen. Die Sprossen sind noch reichhaltiger als die Samen, weil der Wachstumsprozeß weitere Mineralien ausschüttet.

Tip: Verwenden Sie Hanföl für das Dressing – schmeckt gut und ist äußerst gesund.

107

Pikanter Hanf-Quark
250 g Magerquark
1/2 Becher Crème fraîche
1 Tl Senf
1 El Hanföl
Salz, Pfeffer
bißchen Zitronensaft
Petersilie
Hanfsprossen (siehe oben)

In der Sommerzeit schmecken ein Brot mit frischem Quark oder eine leichte Gemüsesuppe besonders gut.

Alle Zutaten verrühren und je nach Bedarf abschmecken. Sie können in diesen Quark Gemüseschnitzel tunken oder ihn auf Vollkornbrot genießen. Schulkindern kann man kaum ein gesünderes Pausenbrot mitgeben.

Hanfsamen-Suppe
Gemüse für eine Suppe
Hanfsamen
Gemüsebrühe
etwas Butter
Salz, Pfeffer, 1 Lorbeerblatt

Eine Suppe mit Hanfsamen ist schnell zuzubereiten und besitzt hohen Nährwert.

108

Die Mengenangaben richten sich nach der Zahl der Mit-Esser. Nach kurzem Rösten mit wenig Butter in der Pfanne übergießt man den Samen mit Gemüsebrühe und läßt die Mischung eine bis eineinhalb Stunden köcheln. Abkühlen und im Mixer pürieren, anschließend durch ein feines Sieb in einen Topf streichen. Die Suppe sieht jetzt weißlich aus. In der Pfanne werden nun kleine Gemüsewürfelchen (Zwiebeln, Porree, Möhren, Sellerie, ev. Fenchel, Brokkoli, Blumenkohl, Rosenkohl) angebraten und gedünstet. Schließlich werden die Gemüse zur Suppe gegeben. Dann wird mit Salz (wenig), Pfeffer, einem Lorbeerblatt abgeschmeckt. Mit Crème fraîche oder Milch wird die Konsistenz flüssiger gemacht. Ein einfaches Gericht mit hohem Nährwert.

Süße Hanfsuppe
Hanfsamen nach Bedarf
Milch
Zucker oder Honig zum Süßen
frisches Obst nach Wahl

Hanfsamen in Wasser kochen (ca. eine Stunde), dann im Mixer pürieren und in einen Topf füllen. Die milchige Brühe mit Milch aufgießen, mit Honig, Vanille und eventuell etwas Zucker würzen. Erkalten lassen und dann mit frischen oder eingemachten Himbeeren, Kirschen, Waldbeeren oder Erdbeeren essen.

Wie eine Kaltschale, bloß noch gesünder: aufgekochte Hanfsamen werden hier zu einem Milchbrei mit Obst gereicht.

Hanf-Gewürzbrot
200 g Hanfsamen (Davon ca. 40 g im Mixer zu Mehl
*   verarbeiten. Getreidemühlen verstopfen durch die ölhaltigen*
*   Samen zu schnell.)*
400 g Weizen-Vollkornmehl (Type 1200)
2 Päckchen Trockenhefe
275 ml Buttermilch
ca. 100 ml Wasser
1 Tl Kreuzkümmel (gemahlen)
1 Tl Koriander (gemahlen)
1 1/2 Tl Salz

Tip: Den Hanfsamen (der nicht zu Mehl verarbeitet wird) vorher zwei Tage in Buttermilch einlegen.

Alle Zutaten vermengen, bis eine Hefeteig-Konsistenz entstanden ist. Dann etwa eine Stunde lang unter einem feuchten Geschirrtuch gehen lassen. Masse nochmals durchkneten, Brot formen, auf Backblech setzen und nochmals 1/2 Stunde gehen lassen. Backofen auf 220° vorheizen, das Brot hineingeben und nach 20 Minuten den Ofen auf 175° herunterschalten. Weitere 45 Minuten backen lassen.

Hanf-Knusper-Bällchen

100 g Hanfsamen
100 g gehackte Mandeln
100 g Kokosflocken
20 g Haferflocken
50 g Sonnenblumenkerne
ca. 150 ml Honig
Sesamsamen

Geröstete Hanfsamen schmecken auch so gut: wie Erdnüsse zum Knabbern, zum Aperitiv gereicht oder zum Bier.

Hanfsamen – wie schon beschrieben – rösten und andere Kerne dazugeben. Vorsicht: Die Mischung nicht anbrennen oder bräunen lassen, damit die Nährwerte nicht verloren gehen. Anschließend den Honig hinzufügen und die Masse in der Pfanne verrühren, bis sie weich ist. Dann auf einem Teller dünn verstreichen und abkühlen lassen. Wenn die Masse ganz kühl ist, können Bällchen geformt und in Sesam gewendet werden. Diese Leckerei läßt sich auch etwas länger (ca. 14 Tage) aufheben.

Hanf-Waffeln

125 g Margarine oder Butter
175 g Mehl
60 g Hanf-Mehl (Samen im Mixer pürieren)
2 El Zucker
3 Eier
1 Prise Salz
1 Prise Backpulver
so viel Milch, wie nötig
Puderzucker zum Bestreuen

110

Fett, Zucker, Eier schaumig rühren, Mehl und Backpulver zugeben. Dann mit Milch zu einem sehr dickflüssigen Teig (also nicht zuviel Milch!) schlagen. Die Waffeln im Waffeleisen goldbraun backen, anschließend mit Puderzucker bestreuen.

Hanf-Pfannkuchen
100 g Mehl
30 g Hanf-Mehl (Dazu werden die Samen im Mixer püriert.
*   Getreidemühlen verstopfen durch die ölhaltigen Samen*
*   zu schnell.)*
1 Prise Salz
1 Ei
1/2 l Milch oder Milch-Wasser (1:1)
Öl oder Butter zum Braten

Die Pfannkuchen lassen sich mit Gemüse, Zwiebeln, Pilzen oder rohem Schinken füllen oder mit Zucker bestreuen und mit Apfelmus, Preiselbeeren oder Kompott servieren.

Hanf-Bratlinge
120 g Hanfsamen
ca. 80 g Haferflocken
ca. 100 g Semmelbrösel oder Paniermehl
2 El Hanfmehl (Dazu werden die Samen im Mixer püriert.
*   Getreidemühlen verstopfen durch die ölhaltigen Samen*
*   zu schnell.)*
1 Zwiebel
1 Ei
Pfeffer, Salz, Senf, Petersilie, evt. Curry oder Knoblauch zum
*   Würzen*

Hanf wurde schon von den Mönchen im Mittelalter zu Mehl gerieben und dann weiterverarbeitet – eine proteinreiche Mahlzeit ist damit garantiert.

Es kann auch gestifteltes Gemüse (Fenchel, Zucchini, Möhren, Porree) zugegeben werden, das unter Umständen in der Pfanne kurz vorgedünstet werden sollte.
Die Zutaten vermengen, Bratlinge (also Frikadellen oder Buletten) formen und in heißem Öl ausbacken. Die Bratlinge kann man kalt essen oder warm mit Kartoffeln, Gemüse und Sauce als Hauptgericht servieren.

Gesundheitliche Anwendungen mit Cannabis

Vom Gesetz nicht erlaubt

Die meisten Rezepte, in denen Indischer Hanf zu gesundheitlichen Zwecken eingesetzt wird, bringen gerade diejenigen in Schwierigkeiten, die sie verbreiten. Im Gegensatz zu den oben beschriebenen Rezepten verwendet man hier die Blätter, Blüten und auch den Harz der Pflanze (das das Rauschmittel THC enthält). In San Francisco beispielsweise lebt eine ehemalige Krankenschwester namens Mary Rathbun. Die 71jährige verteilt seit 1974 selbstgebackene Haschplätzchen an Aids- und Krebspatienten. Und sie erhält dafür immer wieder Strafandrohungen, da die Weitergabe von Hasch oder Marihuana verboten ist – selbst in Kuchen oder als Brotaufstrich.

Argumente für das Hanfessen

Wird Hanf bei Kranken zum Essen gereicht, so verwendet man THC-haltige Blüten und Blätter, denn meist ist eine Rauschwirkung erwünscht.

Beim Rauchen von Haschisch wird auch Tabak konsumiert, was der Gesundheit keineswegs förderlich ist. Man kann also nicht davon ausgehen, daß Hasch und Marihuana nur gut für den Körper wären. Konsumiert man hingegen das Kraut als Nahrungsmittel (in Plätzchen oder als Brotaufstrich), ist zumindest die Gefährdung durch zusätzliches Nikotin ausgeschaltet.

Krankenhilfe mit Plätzchen

»Brownie Mary« – wie ihre Freunde sie nach ihren Keksen nennen – stand schon dreimal vor Gericht, wurde zu 500 Stunden Sozialarbeit verurteilt (die sie in sensationellen 60 Tage hinter sich brachte), und die letzten zwei Verfahren wurden wegen des Drucks der Öffentlichkeit eingestellt. Brownie Mary backt weiter. Inzwischen ist ihre Klientel so groß geworden, daß Mary ein Einweckglas mit Namen und Adressen füllte und täglich daraus die Glücklichen zieht, die ein Dutzend ihrer Kekse bekommen. Das Haschisch und das Marihuana, das sie dafür braucht, spenden ihr junge Leute, die selbst anbauen. Marys größter Traum: »Ich möchte noch erleben, daß Cannabis legalisiert wird.«

Zwei ihrer Rezepte wollen wir hier veröffentlichen:

Schoko-Plätzchen à la Mary
250 g Butter
1/2 Tasse weißer Zucker
250 g brauner Zucker
2-3 Eier, gut geschlagen
knapp 2 Tassen Mehl (fein gesiebt)
1 Tl Backpulver
1/2 Tl Salz
etwa 60 bis 180 g Schokoladen-Chips
250 g Marihuana und Haschisch

Für die »Chocolate-Chips« werden Blüten, Blätter und Harz des Hanfs verwendet.

Brownie Mary verwendet alle Teile der Hanfpflanze, mit Ausnahme des Stengels. Sie püriert die Pflanze im Mixer und fügt sie dann schlicht dem Keksteig zu.
Der Keksteig: Butter und Hanf werden sanft im Wasserbad erwärmt; man gibt zuerst den weißen, dann den braunen Zucker hinzu und rührt anschließend die Eier unter. Mehl, vermischt mit Backpulver und Salz, beim Rühren einstreuen. Zum Schluß die Schokoladen-Chips mit einem Kochlöffel unterheben. Bei mittlerer Hitze (180–200 Grad) 10 bis 12 Minuten lang backen. Die Masse reicht für ca. 75 kleine Kekse. Für mehr Kekse nimmt man am besten alle Zutaten doppelt.

Kleine Dosis mit großer Wirkung

Bei Patienten in der Chemotherapie »verordnet« Mary einen halben ihrer Kekse vor den Infusionen und die andere Hälfte nachher. Die Wirkung laut Mary: »Die Schmerzen sind nicht so schlimm, und die Übelkeit wird eingedämmt.« Bei Aidspatienten beobachtete die agile Schwester: »Nach nur einem Keks verlassen die meisten ihr Bett und plündern ihren Kühlschrank. Diese mageren Körper so aktiv zu erleben, ist mir jedes Risiko wert.«

Für diejenigen, die es nicht so süß mögen, hat sich Brownie Mary noch ein anderes Rezept einfallen lassen.

Marihuana Butter à la Mary

In diesem Fall kann man sich nicht mit getrocknetem Cannabis behelfen, denn dann schmeckt die Butter einfach nicht so gut.

Man braucht also:

75 g frisches Marihuana und eine
250 g-Packung Butter.

Die Butter wird in einer Pfanne aufgelöst, dann wird das Marihuana beigemischt und bei sehr geringer Hitze 20 Minuten lang geköchelt (nicht sieden lassen!). Alle fünf Minuten rühren. Als Gewürz eventuell noch 2–3 Knoblauchzehen zufügen, und dann in einem geschlossenen Gefäß im Kühlschrank lagern. Auf Weißbrot ist die Butter ein wirklich berauschendes Erlebnis.

Mary empfiehlt diesen Brotaufstrich bei allen Fällen von Appetitlosigkeit bis hin zur Magersucht.

Trinken für eine bessere Sicht

Daß Cannabis bei Glaukom hilft, ist heute auch wissenschaftlich bewiesen: Es senkt den Augeninnendruck.

Eine weitere Quelle für die Rezepte, die man gar nicht benutzen darf, sind die Rastafari, die auf Jamaika ja auch heute noch ihrem »Ganja« (Marihuana) frönen. Zumeist rauchen sie allerdings Joints oder Pfeife. Ansonsten bedienen sie sich ihres besten Alkohols, des weißen Rums.

Die Fischer benutzen den »Night Vision Drink«, um ihre Nachtsicht zu verbessern, wenn sie in die Dunkelheit ablegen. Wissenschaftliche Untersuchungen untermauern ihre Erfahrung, daß Marihuana den Augeninnendruck senkt und damit die Sehfähigkeit in der Dunkelheit verbessert. Die Fischer nehmen diesen Spezialdrink eine Stunde vor dem Auslaufen. Die Dosis ist sehr individuell.

Der Night Vision Drink

Blätter und Stengel des Cannabis werden etwa fünf Tage (je länger, desto wirksamer) in weißem Rum eingelegt, wobei das Grünzeug gut bedeckt sein sollte. Die Hanfteile werden danach herausgefischt, und fertig ist das berauschende Getränk.

Die Blüte der Cannabis sativa-Pflanze, die nur wenig THC enthält. In Rum eingelegt, ergibt sie ein ganz besonderes Tonic.

Tonic

4-5 frische Hanfblüten werden in einem Liter weißem Rum eingelegt. Nach einer Woche ist das besondere Tonic fertig und kann dann eventuell noch mit Honig gesüßt werden.
Das Getränk soll die Stimmung heben und allgemein das Wohlbefinden verbessern.

Ganja-Tee

Cannabisblätter und -blüten werden ausgekocht, der Tee dann abgegossen. Mit Milch, Honig oder Zucker süßen. Die Dosis, die eine angenehm entspannende, beruhigende Wirkung zeigt, ist von Mensch zu Mensch unterschiedlich.

Ganja bezeichnet indisches Marihuana, also die Hanfblüten.

115

Hanföl in der Natur- kosmetik

Kosmetikprodukte aus Hanföl haben eine hervorragende Wirkung auf Haut und Haare. Mit seinem hohen Anteil an ungesättigten Fettsäuren dringt das Öl tief in die Haut ein und pflegt so von innen heraus. Sie sehen es an glatter Haut, kräftigen Fingernägeln und Glanz in den Haaren nach mehrfacher Behandlung! Die im Hanfsamen ebenfalls enthaltenen Gamma-Linolen-Säuren (GLA) verhindern Entzündungen der Haut und tragen somit ebenfalls zu einem gesunden Aussehen und Wohlbefinden bei. Wie gut Hanf für die Haut ist, darüber sind sich von alters her alle Kulturen einig. Auch die Schulmedizin experimentiert mit Cannabis bei Hautkrankheiten und Herpes.

Pflegeprodukte zum Selbermachen

Die Kosmetikwerbung verspricht geschmeidige, faltenfreie Haut. In den Medien stellen bezaubernde, hübsche Frauen jeden Alters teure Cremes und Körperlotionen vor und streichen sie auf eine Haut, die ganz gewiß nicht von den vorgeführten Produkten verjüngt wurde. Dermatologen sind sich darüber einig, daß die meisten modernen, teuren Zusatzstoffe nicht den gewünschten Effekt bringen.

Sanfte Pflege für die Haut ist am effektivsten – am besten aus natürlichen Wirkstoffen. Die Wirkstoffe des Hanfs haben sich in der Körperpflege und Kosmetik bewährt, man verwendete Blätter, Blüten, Samen und sogar sein Harz. Zu Beginn der kosmetischen Hanfnutzung wurden aus ihm grünliche Schmierseifen mit guter Reinigungswirkung gewonnen. Dieser Grundstoff wird auch heute noch als Pflegezusatz in verschiedenen Hautpflegeprodukten und als waschaktive Substanz in Shampoos verwendet.

Zur eigenen Herstellung von Cremes und Salben braucht man nicht viele Zutaten, aber Gefäße, Mixer und Besteck sollten absolut sauber sein.

Hinweis zur eigenen Herstellung

Generell gilt für Pflegeprodukte aus Hanföl: Sie müssen dunkel (braune Flasche oder Kunststofftiegel) und kühl (am besten im Kühlschrank) gelagert werden. Und sie sollten schnellstens aufgebraucht werden, denn schon nach knapp sechs Wochen wird das Öl ranzig und Sie können die Reste nur noch wegwerfen. Also lieber kleine Portionen herstellen. Der sofortige Gebrauch (z.B. Gesichtsmaske) ist der beste.

Allergisch auf Hanf?

Es gibt bis jetzt kaum Meldungen, aber machen Sie vor dem Anrühren Ihrer Privatkosmetik zur Sicherheit einen Allergietest. Reiben Sie dazu ein wenig Hanföl über Nacht in Ihre Armbeuge, und überprüfen Sie am nächsten Morgen, ob Sie Rötungen oder Pusteln feststellen können. In so einem Fall ist vom Gebrauch selbstgemachter Hanfkosmetik abzusehen.

117

Zur Vorbereitung

Hanfpflege-Produkte gibt es in Hanfläden und aus Versand-häusern fertig zu kaufen. Aber Sie können vieles davon auch selbst herstellen und nach Ihren Vorlieben mit zusätzlichen Düften versetzen.

Als Basis für jedes Pflegeprodukt benötigen Sie Hanfsamenöl, das Sie ebenfalls aus den Spezialgeschäften erhalten. Bevor Sie die Mischungen anrühren, reinigen Sie die Küchengeräte sehr gründlich und kochen sie dann im Kochtopf zusätzlich ab (das gilt auch für die Schneebesen Ihres Rührgeräts).

Cannabis-Kamillencreme

4 g Bienenwachs
7g Kakaobutter
5 g Stearinsäure
30 ml Hanf-Speiseöl
3 gehäufte EL Kamillenblüten
50 ml Wasser
1 Messerspitze Borax
5 Tropfen Kamillenöl

Die nötigen Zutaten erhalten Sie in Hanf-läden und Reform-häusern, manches auch in Drogerien oder Apotheken.

Zuerst werden Bienenwachs, Kakaobutter, Stearinsäure und Öl in einem kleinen (desinfizierten) Gefäß im Wasserbad ver-schmolzen (nicht kochen!). Währenddessen werden die Kamillenblüten in einer kleinen (sehr sauberen) Kanne mit kochendem Wasser übergossen. 10 Minuten ziehenlassen. Die Ölmischung mit einem Holzspatel (einmaliger Gebrauch) durchmischen. Dann das Kamillenwasser durch einen Filter oder ein Baumwolltuch abgießen und 30 ml ausmessen. In dem noch heißen Kamillenextrakt wird der Borax aufgelöst. Diese Lösung wird dem aus dem Wasserbad genommenen Öl zugegeben und dann mit dem Elektro-Rührgerät auf höchster Stufe geschlagen, bis sie dicklich wird. Dann werden die Kamil-lenöltropfen hinzu gerührt. Auf kleiner Stufe solange wei-terrühren, bis die Creme erkaltet ist. Dann mit dem Holzspa-tel in ein dunkles Töpfchen füllen und im Kühlschrank lagern. Diese Creme ist besonders bei unreiner und angegriffener Haut anzuwenden.

Cannabis-Pflegecreme

40 g Hanföl
16 g Lanolin, wasserfrei
5 g Bienenwachs
40 g Hamameliswasser
4 Tropfen Pfefferminz- oder Zitronenöl

Hanföl, Lanolin und Bienenwachs werden im Wasserbad geschmolzen, während das Hamameliswasser in einem anderen Gefäß erwärmt wird. Das Wasser wird dann der Ölmischung hinzugefügt. Die Creme erst auf kleiner, dann auf großer Stufe mit dem Rührstab schlagen, aus dem Wasserbad nehmen, wenn sie homogen wird. Das Duftöl zufügen. Jetzt so lange weiterrühren (langsam), bis die Creme erkaltet ist. Dann in dunklen Cremetiegel umfüllen, im Kühlschrank lagern.

Bei dem Duft für die Pflegecreme muß man sich natürlich nicht an das Rezept halten: Sie können Ihren Lieblingsduft verwenden.

Cannabis-Reinigungscreme

1 El Lanolin
6 El Hanföl
1 Tl. Glyzerin
1 Tl. Rosenwasser
1 El Babyseife, fein geraspelt

Eine Creme aus Cannabis- und Kamillen-Extrakten hilft besonders bei unreiner und angegriffener Haut.

119

Zunächst wird das Lanolin im Wasserbad geschmolzen, dann werden alle Zutaten der Reihenfolge nach untergerührt. Die Mischung wird mit einem Holzspatel solange gerührt, bis die Konsistenz cremig ist. Dann in dunklen Cremetiegel umfüllen, im Kühlschrank lagern und zweimal täglich zum Reinigen (und Abschminken) des empfindlichen Gesichts benutzen. Anschließend das Gesicht erst warm, dann kalt abspülen.

Cannabis-Reinigungsöl
5 g Lezithin
100 g Hanföl
5 Tropfen Zitronenöl

Die Flüssigkeiten werden in einer leeren Hanföl-Flasche durchgeschüttelt (vor jedem Gebrauch) und nach Benutzung wieder im Kühlschrank gelagert. Mit diesem Öl kann man sich abends abschminken und morgens das Gesicht reinigen, bevor Make-up aufgetragen wird.

Cannabisöl pur
250 ml-Flasche Hanföl

Pur auf die Haut aufgetragen, ist Hanföl äußerst wirksam und wohltuend – vorausgesetzt, Sie haben keine allergische Reaktion entwickelt.

Nehmen Sie sich morgens und abends fünf Minuten Zeit, und massieren Sie reines Hanföl in Ihre Gesichtshaut ein. Grundregel dabei ist: Es wird von unten nach oben und von außen nach innen massiert. Wenn Sie Ihr Gesicht vorher gründlich gereinigt haben und wirklich ein paar Minuten lang massieren, reiben Sie dabei abgestorbene Hautschüppchen ab, sorgen gleichzeitig für eine gute Durchblutung und tiefe Einwirkung des Öls. Wenn Sie sich anschließend noch schminken wollen, können Sie die Ölreste mit einem Kosmetiktuch vorsichtig, aber gründlich abnehmen. Besonders im Winter können Sie der trockenen und empfindlichen Gesichtshaut nichts Besseres tun. Bevor Sie aber größere Hautpartien (auch Ihr Gesicht) mit dem Öl bearbeiten, kontrollieren Sie bitte, ob es ganz frisch ist. Einmal geöffnete Flaschen sind ca. noch sechs Wochen haltbar, bei neuen können Sie nach dem Geschmack gehen (es darf nicht ranzig schmecken).

120

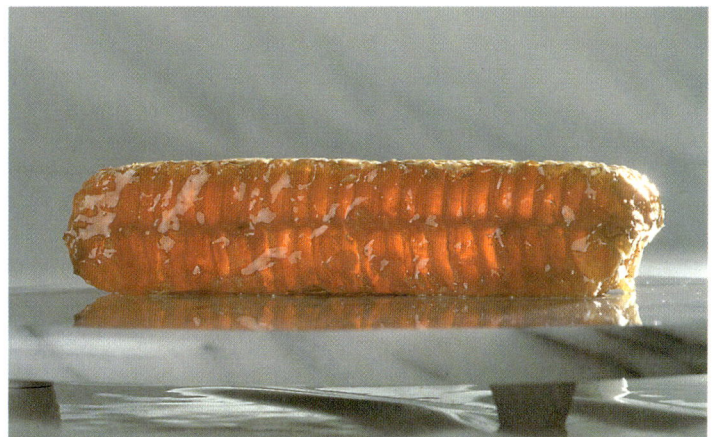

Eine Hanföl-Honig-Maske entspannt und schließt die Hautporen.

Hanföl ist deshalb so wertvoll für die Haut, weil es reich an mehrfach ungesättigten Fettsäuren ist, was es sehr geschmeidig und gut verträglich macht. Außerdem enthält es die essentielle Linolsäure – besonders wichtig: die Gamma-Linolen-Säure –, die u. a. als Baustein für Zellwände sowie als Ausgangsbasis für immunstärkende und entzündungshemmende Reaktionen von Bedeutung ist. Darum wird Hanföl auch besonders bei Hautkrankheiten empfohlen.

Cannabis-Pflegelotion für empfindliche Haut
10 g Bienenwachs
100 g Hanföl
5 Tropfen Zitronen-, Lavendel- oder anderes Aromaöl

Keine Creme, sondern eine eher flüssige Lotion entsteht, wenn man das Bienenwachs (schon im Cremetöpfchen) im Wasserbad auflöst, das Hanföl hinzufügt und solange rührt, bis eine durchsichtige Flüssigkeit (wegen des Hanföls mehr oder weniger grünlich) entsteht. Dann die Aromatropfen (ganz nach Geschmack) hinzufügen, nochmals mit einem frischen Holzspatel durchrühren und dann aus dem Wasserbad nehmen. Locker zugedeckt erkalten lassen, dann im Kühlschrank lagern. Vor Gebrauch immer wieder mischen.

Die empfindliche Haut braucht regelmäßig Pflege und Feuchtigkeit. Eine Hanföl-Lotion ist genau das Richtige.

121

Hanföl-Honigmaske

1 Tl Honig (kaltgeschleudert!)
1 Tl Roggenmehl
1 Tl Hanföl
1 Eigelb
5 g Stearinsäure
3 Tropfen Teebaum-, Kamillen- oder anderes Öl

Alle Zutaten miteinander vermengen. Die Masse wird dann in kreisenden Bewegungen über Hals, Gesicht und Dekolleté verteilt. Sie sollte etwa eine halbe Stunde lang einziehen (dabei vielleicht auf dem Sofa ausruhen). Danach wird die Maske unter fließendem Wasser entfernt. Spülen Sie am Schluß kalt nach, das schließt die Hautporen.

Hanf-Haarpackung

2 El Honig (kaltgeschleudert)
1 El Hanföl

Tip: Für das Haar und die Kopfhaut ist auch Hanföl pur aufgetragen und leicht einmassiert erfrischend und wohltuend.

Am besten lassen sich die beiden Bestandteile im Wasserbad miteinander vermischen. Nur ganz leicht erhitzen. Wenn die Mischung handwarm ist, wird sie mindestens drei Minuten lang in die Kopfhaut einmassiert. Dann das Haar bei kleiner Temperatur fönen; wenn es richtig warm geworden ist, einen Turban aus Alufolie (damit die Masse nicht ins Handtuch gelangt) und einem Handtuch basteln. Noch etwa eine halbe Stunde auf dem Kopf lassen, erst danach auswaschen.

Die Produkte der Kosmetikserien

Auf dem Kosmetikmarkt gibt es mittlerweile eine Reihe von Fertigprodukten aus Hanfsamenöl. Die Firmen stellen in der Regel nicht nur einzelne Produkte her, sondern bieten jeweils eine Serie von Pflegemitteln an.

Folgende Kosmetikprodukte aus Hanfsamenöl sind in Hanfläden oder Hanf-Versandhäusern erhältlich (s. Adressenteil):

◆ Körper-Öl
◆ Duschbad
◆ Haarshampoo
◆ Cremes
◆ Seifen
◆ Lotionen
◆ Sonnencremes
◆ Lippenbalm
◆ Lippenstifte
◆ Babycreme
◆ Haarbalsam
◆ Haarkur
◆ Parfüm

Zusätzliche Inhaltsstoffe

Worauf die Hersteller großen Wert legen: Die Hanf-Kosmetikprodukte sind Naturprodukte und weitgehend frei von allergenen Wirkstoffen. Zu ihrer natürlichen Herstellung gehört:

◆ kontrollierter Pflanzenanbau ohne Einsatz von Pestiziden
◆ keine Verwendung unnötiger Farb- oder Glanzstoffe
◆ keine Verwendung tierischer Fette
◆ Bevorzugung ätherischer Öle anstelle von synthetischen Geruchsstoffen
◆ Zusammensetzung aus Stoffen, die keinen Tierversuchen unterliegen.

In der Kosmetikherstellung sind von Anfang an ökologische Kriterien beachtet worden: Bei dem neuen alten Naturprodukt Hanf wird auf schonende Verarbeitung höchsten Wert gelegt.

Hanfpflege-Produkte gibt es mittlerweile in allen Hanfläden und -versandhäusern.

123

Heute besinnt man sich wieder auf Naturma-
terialien, die Generationen und sogar ganzen
Kulturen seit Menschengedenken als Rohstoffe
gedient haben. Von Hanf wissen wir noch zum
Teil aus diesem Jahrhundert, daß er wichtiger
Lieferant für Kleidung, Baustoff und Papier
sowie Energiespender war. Auch in

Hanf als
Rohstoff

der Schiffahrt wurde
er eingesetzt – Segel
und Taue waren aus
Hanf gefertigt. Der leicht anzubauende Hanf
belastet nicht die Umwelt, ist restlos verwertbar
und wächst schnell nach – Vorteile,
die die Industrie in zunehmendem Maße zu
nutzen weiß.

Textilien aus Hanf

Der Marktführer Baumwolle

»Ich trage nur Naturfasern. Andere vertrage ich gar nicht.« Was aber, wenn 100 % Baumwolle Allergien auslöst? Dann wird schnell deutlich, was es mit den sogenannten Naturfasern auf sich hat: Nur rund 85 % sind tatsächlich Baumwolle, der Rest besteht zu großen Teilen aus Chemie, die den Stoff veredeln und färben soll. Und aus den Pestiziden, die auf die Baumwolle geworfen werden, während sie noch wächst. Weltweit wird ein Fünftel des Pestizid-Verbrauchs auf die Baumwolle geschüttet. In den USA gehen sogar 50 % der Pestizide auf das, was wir für Natur halten.

Gefahr aus der Kleidung

Diese massiven Gifteinsätze – so sagen Experten – kosten rund 30 000 Menschen pro Jahr das Leben. Und damit ist nicht gemeint, daß sie nach Jahren chronischer Leiden einem qualvollen Tod erliegen. Nein, es handelt sich hier um akute Vergiftungen.

Die anderen chemischen Zusätze, die der Veredelung und Färbung dienen sollen, haben auch tiefgreifende Einwirkungen auf die Umwelt. Allein in Deutschland sprechen wir hier von 400 000 Tonnen Chemie, von denen nach Verwendung in den Veredelungsbetrieben etwa die Hälfte in die Abwässer eingeleitet werden. Die Schadstoffbelastung ist so groß, daß einige Betriebe eigene Klärwerke bauen mußten, um das Abwasser wenigstens in eine Qualität zu bringen, die normalen, städtischen Klärwerken zugemutet werden kann. Diejenigen Betriebe, die um diese teuren Auflagen herumkommen wollen, wandern in die Dritte Welt ab. Dort locken Billiglöhne und einfache Entsorgung aller Gifte direkt ins nächste Gewässer.

Leider besagt das Etikett in der Kleidung nicht, ob die Baumwolle chemisch belastet wurde und eventuell beim Tragen allergische Reaktionen hervorrufen kann.

Erste Ansätze der Industrie

Ein anderes Problem sind die etwa 3 000 künstlichen Farbstoffe, von denen viele als giftig, teilweise sogar als krebserzeugend gelten. Auch hier fehlen noch viele Kenntnisse über die genauen Inhaltsstoffe, doch langsam nimmt man sich in der

Industrie auch dieses Problems an. Der Strumpfkonzern »Kunert« zum Beispiel versucht den hohen Chromgehalt – besonders in den dunkelfarbigen Strümpfen – zu senken und ließ dafür auf eigene Kosten eine langwierige und teure Untersuchung durchführen. Es entstand eine »schwarze Liste« von Inhaltsstoffen, mit denen der Konzern das Giftpotential senken kann, aber auch erstmals realistische Daten lieferte über die Menge und Inhalte dessen, was tatsächlich in Textilien steckt.

Die sanfte Alternative in der Baumwolle

Beispiele aus der Bekleidungsindustrie zeigen, daß auch mit weniger Chemikalien und künstlichen Zusätzen Mode gemacht werden kann.

Designer und Modemacher befassen sich bereits mit unbehandelter Öko-Baumwolle, die biologisch-dynamisch angebaut wird. Heute liegt die Welternte von Bio-Baumwolle bei ungefähr 7 000 Tonnen. In den kommenden Jahren wird mit vermehrter Nachfrage gerechnet. Bei diesen Versuchen mit unbehandelter Baumwolle stellte sich auch heraus, daß Baumwolle (in wildwachsender Form schon immer) eigene Farben mitbringt: Rosa, Gelb oder Braun ließen sich theoretisch direkt vom Feld pflücken.

Hanfkleidung ist widerstandsfähiger als Baumwolle gegen Verschleiß und Reibung und fusselt nicht.

126

Farben aus der Natur

Naturfarben stellen sich die meisten Verbraucher bei Nachfrage »irgendwie flach, pastellig und ein bißchen matschig« vor. Wenn man sich allerdings Orientteppiche ansieht, die älter als 200 Jahre sind, wird schnell klar, daß es gar nicht so sein kann. Fasern der unterschiedlichsten Farbqualitäten wurden hier zu wunderschönen Mustern geknüpft.

Bestes Beispiel dafür ist Anatolien (Türkei), Heimat des berühmten Kelims. Und genau dieser Teppich wird heute noch mit Naturfarben gefärbt, und es entstehen farbenfrohe Stoffe, die auch noch eine relativ hohe Lichtunempfindlichkeit aufweisen und damit sehr haltbar sind. Aus dieser türkischen Landschaft stammen auch die meisten pflanzlichen Farbstoffe wie Kappwurzeln (rot bis violett), Indigo (blau) oder Wolfsmilch (gelb), die dort in Hülle und Fülle wachsen.

Pionierarbeit in der Textilverarbeitung

In der Schweiz gibt es beispielsweise schon ein Unternehmen, das sich mit Naturfarben intensiv auseinandersetzt. Die Firma Bollhader in Dornach bei Basel erzielt bereits gute Ergebnisse. Doch noch immer gibt es viel zu erforschen. Die kleinen Betriebe würden es zwar gern tun, doch ihnen fehlt das Geld. Und noch sind die großen Textilfabriken desinteressiert. Fest steht jedenfalls: Theoretisch könnten Naturfarben genau dieselbe Farb-Bandbreite liefern wie künstliche Farben auch.

Hanf – robust wie Leinen, schweißfest wie Baumwolle

Hanf wurde von alters her nicht nur zur Verwendung als Droge, Heilmittel, zur Papierherstellung, sondern auch zur Textilverarbeitung genutzt. Hanf ist sehr langfaserig und bot vor allem Seeleuten große Vorteile, denn die Segel, Taue und Seile aus Hanf erwiesen sich als resistenter gegen Salzwasser als irgendeine andere Faser. Was wiederum dazu führte, daß auch die Kleidung aus Hanf hergestellt wurde (übrigens damals noch in sehr harter, kratziger Qualität, heute sind die Stoffe viel weicher). Von den Seeleuten übernahm die Infanterie die Vorteile der Hanffaser für Uniform-Drillich, Zelte, Tornister und andere Ausrüstungsgegenstände.

In Notzeiten wie dem Zweiten Weltkrieg erinnerte man sich des alten Kleiderrohstoffs Hanf und fertigte nicht nur die Uniformen aus Hanffasern.

127

Hanf als Stoff ist:

- ◆ widerstandsfähiger gegen Verschleiß und Reibung als Baumwolle, fusselt nicht
- ◆ schön, mit seiner warmen Farbe und unregelmäßigem Grund (leinenartig) angenehm zu berühren und zu tragen
- ◆ schützend, denn er filtert 95 % der Infrarot- und Ultraviolettstrahlen
- ◆ sicher, denn Hanf ist kein guter Stromleiter und schwer entzündbar
- ◆ frischhaltend, denn er begünstigt die Transpiration (nimmt bis zu 30 % Feuchtigkeit auf)
- ◆ mottensicher, denn die Faser wird fast gar nicht von Ungeziefer angegriffen
- ◆ regenfest, denn Wasser kann der Faser nicht viel anhaben
- ◆ leicht zu verarbeiten und zu färben.

Die ersten Jeanshosen

»The blue denim« – wie die Jeans auch heißt – bedeutet zwar, daß sie aus Baumwolle gemacht ist. Der erste Jeansstoff war aber aus Hanffaser.

Heutzutage stehen Jeans für Baumwolle wie kaum ein anderes Produkt. Doch eigentlich ist es Hanf, der die Levi's Jeans möglich machte. Die Arbeitshosen waren in der Mitte des letzten Jahrhunderts noch aus Hanf und ungeheuer belastbar. Erst als die Preise für Hanf die für Baumwolle weit übertrafen, ging Levi Strauss dazu über, seine Jeans aus Baumwolle herzustellen.

Seit wenigen Jahren werden nun auch wieder Jeans aus Hanf hergestellt, doch leider mangelt es in Deutschland inzwischen an den Betrieben, die die seit 50 Jahren aus der Mode gekommene Verarbeitung weiterentwickelt hätten.

Hanfkleidung wieder gebräuchlich

Hanf-Textilien gibt es heute wieder in Hanf-Läden oder speziellen Versandhäusern zu kaufen. Es gibt Jeans, Röcke, Hemden, T-Shirts und Socken aus Hanf (die halten übrigens besonders gut, weil die Fersen nicht so schnell durchlaufen).

Weitere verarbeitete Sorten neben 100% Hanf sind Anteile 50:50 Hanf–Flachs und 50:50 Hanf–Viskose. Die derzeit auf dem deutschen Markt erhältlichen Hanftextilien stammen aus rumänischer, ungarischer und chinesischer Herstellung. Importiert werden Garne, Stoffe und auch fertige Textilien.

Erster Versuch: Stiftung Warentest prüft Hanf-Jeans

Im Test für Verbraucher stand bereits eine Five-Pocket-Jeans eines Herstellers.

◆ Erster Eindruck: Die Öko-Müsli-Nummer ist vorbei, die Jeans präsentieren sich in denselben kräftigen Farben wie ihre Baumwollschwestern.

◆ Die Tester stellten fest, daß sie im sehr kalten Februar 1996 die Hanf-Jeans ganz schnell wieder gegen die übliche tauschten, weil diese sehr viel wärmer hielten.

◆ Sie merkten aber auch an, daß sie ein angenehmes Tragegefühl empfunden hätten und bei wärmerer Witterung die Hanf-Jeans sogar bevorzugen würden.

◆ Der eigentliche Test aber galt Waschbeständigkeit, Scheuerfestigkeit und ökologisch-gesundheitlicher Unbedenklichkeit. Nach zehn Wäschen bei 40° mit Feinwaschmittel im Normalprogramm waren die Jeans im Bund bis zu 11 cm eingelaufen, bleiben überraschenderweise aber tragbar. Und sie waren deutlich rauher als am Anfang, was sich aber nach kurzem Tragen wieder gab.

◆ Ähnlich wie Kleidungsstücke aus Leinen erwiesen sich die Hanftextilien schwerer zu bügeln als Baumwolle.

◆ Bei der Scheuerfestigkeit stellte sich die Hose nicht annähernd so gut dar, wie die Tester – die die Festigkeit von Hanfstoffen kannten – erwartet hatten. Sie führen das allerdings auf die Verarbeitung dieser Test-Jeans zurück. Leinen und leichte Baumwollstoffe liegen in derselben Festigkeitsklasse, ein hochwertiger Jeans-Denim deutlich darüber.

Vor dem Tragen: waschen!

Richtig platt waren die Tester beim europaweit geltenden Öko-Tex Standard 100. Problemlos überstand die Hanf-Jeans den Umwelttest, bis sich ein pH-Wert von 9,2 zeigte, der den Richtwert von 7,5 eindeutig überschritt. Damit hatte keiner gerechnet. Nähere Untersuchungen legen die Vermutung nahe, daß beim ersten Bearbeiten des Stoffes Waschlauge im Gewebe zurückblieb. Wer also die Regel, körpernahe Kleidungsstücke vor dem ersten Tragen unbedingt zu waschen, einhält, hat keine Probleme.

Die erste Jeans aus Hanf auf dem deutschen Markt schneidet bei einem Test noch nicht allzu gut ab; man arbeitet an Verbesserungen.

Kunststoffe

Kein chemisches Wunder

Zellstoff ist das pflanzliche Grundmaterial, das zur Papier- und zur Kunststoffherstellung verwendet wird.

Aus Hanffasern wird Kunststoff hergestellt – ein nur scheinbar unlogischer Vorgang. Die aus den Fasern gewonnene Zellulose benötigt man zur Textil- und Papierherstellung genauso wie für Kunststoffe. Die Industrie versucht mehr und mehr, künstliche Gewebe im technischen Bereich durch natürliche zu ersetzen bzw. miteinander zu kombinieren – schon allein wegen der besseren Ökobilanz bei abbaubaren Naturrohstoffen. Bisher gibt es Einsätze von Flachs im technischen Bereich, doch die Hanffaser hat den Vorteil der Reißfestigkeit und Naßfestigkeit.

Das Modell »Cannabis« lief nie vom Band

Sein Modell T war das erste Serienauto, seine Firma gibt es noch heute: Ford. Firmengründer Henry Ford entwickelte bereits 1941 ein Auto, dessen Karosserieteile in Hanf-Kunststoff gegossen wurden und das sogar mit Hanfdiesel betrieben wurde. Er soll übrigens von Anfang an seine Dieselmotoren für die Nutzung mit Hanf konzipiert haben. Und er ließ sich die Forschungen bis in die 50er Jahre hinein nicht verbieten, pflanzte zu Versuchszwecken noch immer Hanf an. Zur industriellen An- und Verwendung kam Fords Forschung nie, denn inzwischen hatte das Erdöl allen anderen Energiequellen den Rang abgelaufen.

Hanf ist in Deutschland auf dem Vormarsch. Der Rohstoff der Zukunft?

Nachwachsender Rohstoff

Mercedes hat erste Versuche mit Hanf in Kunststoffstoßstangen durchgeführt. Die Deutsche Luft- und Raumfahrttechnik (DLR) arbeitet an einem Kunststoff, der hanffaserverstärkt und vielseitig verwendbar sein soll. Der Vorteil dieser Entwicklung gegenüber den aus Erdöl produzierten Kunststoffen liegt nicht nur in der Schonung der Energieressourcen, sondern in der biologischen Abbaubarkeit solcher Öko-Kunststoffe.

Auch als Verbundstoff bei Getränketüten und anderen Behältnissen im Lebensmittelbereich wird Hanffaser versuchsweise eingesetzt – wegen ihrer Nässebeständigkeit und Reißfestigkeit sicher eine erfolgversprechende Verwendungsmöglichkeit.

Baumaterial

In diesem Bereich wird dem Hanf der größte Nutzen für zukünftige Anwendungen zugesprochen. Verwendbar sind die Fasern und Schäben (Abfall bei der Fasergewinnung), d.h. leicht zu gewinnendes Material. Hanf ist ein nachwachsender Rohstoff und wird im Zusammenhang mit seiner Nutzungsmöglichkeit auch als »Industriepflanze« bezeichnet.

Vorteile bei dem Gebrauch von Hanf in der Bauindustrie: Der Rohstoff wächst schnell nach und ist frei von allergieauslösenden Schadstoffen.

Hanf auf dem Bau

Noch heute wird Dichtungshanf als Ummantelung von Klempnerrohren wegen seiner Belastbarkeit geschätzt und verwendet. Auch die normale Paketschnur ist aus Hanf gefertigt und somit nahezu unzerstörbar. In Autos könnte Hanf als Brems- und Kupplungsbelag ausgezeichnete Verwendung finden, denn hier wäre seine Haltbarkeit ebenfalls von großem Nutzen.

Neuere Erfahrungen

In Oregon (USA) und Frankreich gibt es erste Firmen, die inzwischen fast alle Baustoffe aus Hanf verwenden. Auf die Nutzpflanze können Bauherren bei Dämmvliesen, Leichtbauplatten, Faserzementplatten, faserverstärkten Putzen, Kunststoffrohren, Spanplatten zurückgreifen. Zur Herstellung dieser Materialien wird so gut wie keine Chemie gebraucht.

131

Eine Pflanze – viele Möglichkeiten

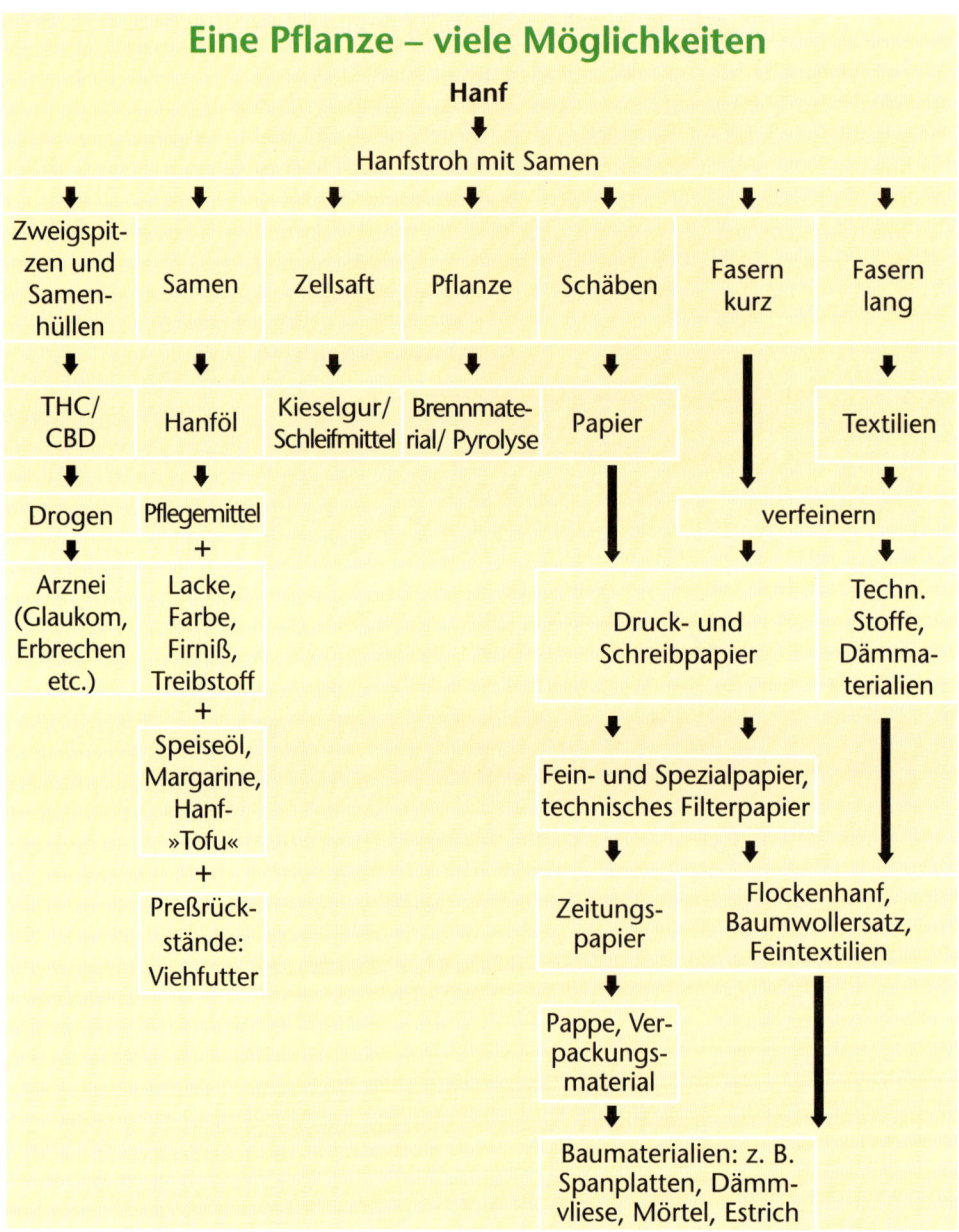

Hanf

Hanfstroh mit Samen

| Zweigspitzen und Samenhüllen | Samen | Zellsaft | Pflanze | Schäben | Fasern kurz | Fasern lang |

THC/CBD · Hanföl · Kieselgur/Schleifmittel · Brennmaterial/Pyrolyse · Papier · Textilien

Drogen

Pflegemittel +

Arznei (Glaukom, Erbrechen etc.)

Lacke, Farbe, Firniß, Treibstoff +

Speiseöl, Margarine, Hanf-»Tofu« +

Preßrückstände: Viehfutter

verfeinern

Druck- und Schreibpapier

Techn. Stoffe, Dämmaterialien

Fein- und Spezialpapier, technisches Filterpapier

Zeitungspapier

Flockenhanf, Baumwollersatz, Feintextilien

Pappe, Verpackungsmaterial

Baumaterialien: z. B. Spanplatten, Dämmvliese, Mörtel, Estrich

Papier

Das älteste Papier der Welt

Ägypten, China, Indien – die ältesten Kulturen der Welt waren der europäischen Kultur über Jahrtausende überlegen.
Mit ihrem Geheimnis der frühen Papierherstellung konnten sie das Wissen in ihrer Kultur schriftlich festhalten und weitergeben.
Das erste Papier der Weltgeschichte war der ägyptische Papyrus, der aus dem Mark gleichnamiger Stauden gewonnen wurde. Man schnitt das Mark in dünnen Streifen aus den Stengeln, legte sie kreuzweise übereinander und preßte sie so. Über zweitausend Jahre waren Papyrusrollen die bestimmenden Schriftträger. Etwa 400 n. Chr. wurden sie von Pergament (aus Tierhäuten gewonnen) abgelöst, die den Vorteil hatten, beidseitig beschreibbar zu sein und sich als Buch binden zu lassen.

Die Kunst des Papierschöpfens

In China wurde nach Überlieferungen gleichzeitig (105 n. Chr.) eine andere Methode des Papierherstellens entdeckt, aus Hanf, Lumpen und anderen pflanzlichen Fasern. Alle Teile werden dabei zerkleinert, mit Wasser ergänzt und zu einem Brei gestampft. Mit einem großen waagerechten Sieb »schöpft« man aus dem Brei eine Lage heraus, die getrocknet das Papier ergibt.

Papier aus Hanffasern – so hat man schon vor beinahe zweitausend Jahren festgestellt – besitzt hohe Beständigkeit.

Das älteste überlieferte chinesische Buch, das »Shijing« (Buch der Lieder) datiert zwischen dem 9. und 6. Jahrhundert, wurde aus Hanf geschöpft. Nach Europa und dem Orient gelang dieses Wissen erst um 1000 n. Chr. und wurde von da an bevorzugt angewandt. Erst im 19. Jahrhundert löste Holz den Hanf ab, der dabei allmählich ganz in Vergessenheit geriet.

Holz oder Hanf?

Holz schien im aufkommenden Industriezeitalter des letzten Jahrhunderts der ideale Rohstoff. Wälder gab es überall, Holz war also im Übermaß vorhanden. Mit der Erfindung des Holzschliffs (1844) und der Weiterentwicklung technischer und chemischer Möglichkeiten zur Papierverarbeitung mit

133

Holzprodukten wurde der Hanf völlig vom Markt verdrängt. Dabei bringt ein Hektar (einjährig nachwachsender) Hanf genauso viel Zellstoff hervor wie vier Hektar (mühsam in Jahren nachwachsende) Bäume. Die Tabelle macht es deutlich:

Rohstoffe zur Papiergewinnung

Inhaltsstoffe	Weizen-stroh	Flachs-fasern	Holz	Hanf
Zellulose	38 %	63 %	45 %	74 %
Hemizellulose	35 %	17 %	30 %	18 %
Lignin (vergilbt Papier)	18 %	3 %	20 %	4 %
Begleitstoffe	9 %	17 %	5 %	4 %

Im Vergleich mit anderen Grundstoffen zur Papierherstellung hat Hanf die beste Zusammensetzung bei den Inhaltsstoffen: sehr viele Anteile Zellulose und wenig Lignin, das Papier vergilben läßt.

◆ Aus der Tabelle ergibt sich nicht auf den ersten Blick der Vorteil für den Hanf als Papiernutzpflanze. Sieht man aber bei den beiden anderen einjährig-nachwachsenden Rohstoffen (Weizen und Flachs) genauer hin, stellt sich heraus, daß Weizenstroh einen sehr hohen Anteil Lignin enthält, das wiederum nur durch spezielle chemische Verfahren gelöst werden kann. Flachs hingegen enthält einen hohen Anteil von Begleitstoffen, die sich im Zweifelsfall wiederum schädlich auf die Abwässer auswirken könnten.

◆ Im Vergleich zu Holz und zu den anderen Konkurrenten ist Hanf sehr viel umweltfreundlicher aufzuschließen, also zu verarbeiten. Ein Bleichprozeß ist wegen des geringen Lignin-Gehaltes chemisch nicht notwendig, was noch einmal von Vorteil für die Umwelt wäre.

◆ Es darf allerdings nicht verschwiegen werden, daß das Hanfpapier, das zur Zeit in Deutschland erhältlich ist, einen solchen Bleichprozeß sehr wohl noch durchläuft, weil die Faser für den Zellstoff zur Verwendung z.B. als Zigarettenpapier vorbereitet werden, was einen höheren Weißgehalt des Stoffes notwendig macht.

134

Marktanteil Hanfpapier

Macht man zur Zeit eine Bestandsaufnahme zum Thema Hanfpapier, muß zugegeben werden, daß der Marktanteil dieses
Papiers in Deutschland noch immer sehr gering ist. In den vergangenen Jahren lag er bei 200–300 Tonnen und soll in den
nächsten Jahren bis auf 500 Tonnen aufgestockt werden.
Diesen Zahlen steht ein jährliches Marktvolumen in Deutschland von etwa 6,4 Millionen Tonnen an Druck- und Pressepa-
pieren gegenüber. Das heißt, daß Hanf mit nur etwa 0, 01 %
am deutschen Papiermarkt beteiligt ist. Der weltweite Durch-
schnitt von Hanfanteil in der Papierherstellung liegt da mit
etwa 9 % (1992) schon deutlich besser.

Ungewisse Zukunft

Noch ist Hanfzellstoff doppelt so teuer wie seine Holz-Kon-
kurrenz (das liegt vor allem am langwierigen Zellstoff-Aufbe-
reitungsprozeß). Das daraus hergestellte Papier liegt ebenfalls
bei Preisen, die etwa drei- bis fünfmal höher sind als die von
herkömmlich produziertem Papier.

Auch im heutigen Medienzeitalter, in dem viele Daten per Computer gespeichert und verschickt wer-den, benötigt man jährlich mehr Papier. Hanf kann den zusätzlichen Rohstoff-bedarf leicht decken.

Und da gibt es noch ein Problem, das nicht unerwähnt bleiben
darf: Das Schlagholz (quasi Waldabfall) kann im Wald bis zu
mehreren Jahren gelagert werden und wird dann je nach
Bedarf abtransportiert. Die einjährige Hanfpflanze hat einen
bestimmten Erntezeitpunkt, zu dem die Pflanzen (zwar nur
halb so viel wie Holz) tonnenweise gelagert werden müßten.
Das mindert natürlich seine Wirtschaftlichkeit erheblich.
Wenn die vielseitige Faserpflanze Hanf wieder verstärkt als
Rohstoff genutzt werden soll, muß man auch in der Technolo-
gie nachrüsten. Zum Beispiel ist es wichtig, neue Ernte- und
Aufschlußverfahren zu entwickeln, die weniger arbeitsintensiv
als die früheren Methoden sind und dabei einen hohen Ertrag
erwirtschaften können. Nur so wird Hanf auch langfristig eine
Chance auf einem großen und stark konkurrierenden Markt
der Rohstoffe haben.
Aber die Vorteile der Naturfaser werden letztlich doch über-
wiegen: leichte Anbauweise, keine Belastung für den Boden
oder die Umwelt und säurefreie Herstellung eines Papieres
von langer Haltbarkeitsdauer.

Das kleine Hanf-ABC

Aphrodisiakum – als luststeigerndes Mittel wurde Cannabis in fast allen Kulturen der Weltgeschichte angewandt.

Betäubungsmittel – als solches ist Hanf seit mehr als zweitausend Jahren bekannt. In Kriegszeiten griff man auch schon mal auf Cannabis zurück, wenn kein anderes Narkotikum zur Hand war.

Bhang, Charas, Ganja – so heißen in der ayurvedischen Medizin die drei Formen der Hanfzubereitung. Sie unterscheiden sich im THC-Gehalt. In Indien sind diese Namen für Hanf heute noch gebräuchlich.

Bhang ist in Indien einerseits der Name eines hanfhaltigen Getränks (z.B. Tee), andererseits der Name für die Hanfblätter. Im Indogermanischen stand Bhang für Rauschmittel generell.

Cannabis lautet der lateinische und botanische Name des Hanfs. Es gibt die Arten Cannabis sativa, Cannabis indica und Cannabis ruderalis, die sich in Wuchs, bevorzugten Anbaugebieten und vor allem dem THC-Gehalt unterscheiden.

Cannabinoide sind chemische Bestandteile im Hanf, von denen es über 60 Unterarten gibt. Das bekannteste Cannabinoid ist der psychoaktive Wirkstoff Delta-9-Tetrahydrocannabinol, kurz THC genannt.

Charas ist der reine Harz der Hanfpflanze, geraucht als »Haschisch« bekannt. Der Harz entsteht besonders auf den weiblichen Blüten, die unter dem feinen Staubmantel vor Hitze und Austrocknen geschützt sind.

Dekokt – kalt angesetzter Drogenauszug, der dann erst gekocht wird, also quasi ein konzentrierter Aufguß. Eine der vielen Möglichkeiten, dem Körper eines Kranken Marihuana zukommen zu lassen.

Droge – dieses Wort ist heutzutage sehr mit Emotionen aufgeladen und wird assoziiert mit Sucht, speziell der Rauschmittelsucht. Im ursprünglichen Sinn ist Droge ein Präparat, das stimuliert, als Heilmittel oder Gewürz Verwendung findet.

Faserhanf ist der Hanf, der zur Fasergewinnung angebaut wird. Er ist eine gezüchtete Form aus der Sorte Cannabis sativa mit besonders langen Fasern, die zur Papier- oder Stoffherstellung benötigt werden.

Fasern sind die Anteile der Cannabis-Pflanze, die in der Landwirtschaft genutzt werden. Hanf ist extrem langfaserig und Produkte, die aus ihm gewonnen werden, sind sehr belastbar. Auch Salzwasser kann ihnen nichts anhaben.

In der kultivierten Form existieren von Hanf nicht nur die drei Sorten sativa, indica und ruderalis, sondern spezielle Sorten zur Faser- wie zur Samengewinnung (Faserhanf, Samenhanf).

Gamma-Linolensäure, GLA – eine sehr seltene Fettsäure in der Natur. Hanföl enthält 1,7% GLA, und man sagt ihr nach, daß sie für schöne Haut und feste Fingernägel zuständig sei.

Ganja bezeichnet in der ayurvedischen Medizin (aber auch bei den Rastafari) die frischen, getrockneten weiblichen Blüten (Marihuana), die möglichst samenfrei verwendet werden sollen und einen Wirkstoffgehalt von 15 bis 25 Prozent aufweisen.

Hanfkuchen ist ein Abfallprodukt bei der Gewinnung von Hanfsamenöl. Äußerst reich an Proteinen, ist es ein ideales Viehfutter. Im Hanfkuchen finden sich keine berauschenden Wirkstoffe.

Haschisch bezeichnet ebenso wie das Slang-Wort »Shit« das Harz der Hanfpflanze. Haschisch weist neben Haschöl (in Deutschland kaum erhältlich) den höchsten THC-Gehalt auf.

Haschischurteil ist die Kurzbezeichnung für das Urteil des deutschen Bundesverfassungsgerichts vom 3.9.1994, in dem den Gerichten empfohlen wird, die Mitführung von nur geringen Mengen Haschisch oder Marihuana nicht mehr unter Strafe zu stellen.

Joint – das Rauchen dieser selbstgedrehten, kegelförmigen Zigaretten, in die eine Mischung aus Blättern, Blüten, Stengeln und oft auch normalem Tabak eingerollt werden, gilt als die einfachste Art des Cannabis-Konsums.

Kiffen ist der Slang-Ausdruck für das Rauchen eines Joints. Sprachlich leitet sich der Begriff aus dem Nordafrikanischen ab.

Für den gerauchten Hanf gibt es viele Namen, die aus verschiedenen Kulturen stammen: Kif, Dagga, Joint, Shit, Hanif, Mashin, Nascha, Marijuana oder auch holy herb.

Kotonisierung – Durch Kochen der Hanffaser in einem alkalischen Bad wird ihr ein baumwollähnliches Aussehen verliehen. So löst sich der Pflanzenleim, und die Faser wird aufgeflockt (Anwendung im Textilbereich).

Knaster oder »Kraut« nannten die deutschen Bauern bis in unser Jahrhundert das, was sie sich von den Feldern in ihr Pfeifchen steckten: Hanfblätter, Blüten und Samen (allerdings meist mit wenig oder gar keinem THC-Gehalt). »Kraut« ist auch heute noch die Bezeichnung für billigen Tabak.

Marihuana-Tax-Act – Im September 1937 beschlossenes und verabschiedetes Gesetz in den USA, das auf Marihuana so hohe Steuern legte, daß sich der Anbau nicht mehr rentierte. So umging die amerikanische Regierung das direkte Verbot von Cannabis zu diesem Zeitpunkt.

Marihuana ist eigentlich eine falsche Bezeichnung für Blüten und Blattspitzen der Cannabis-Pflanze, denn es geht auf das mexikanische »Marijuana« zurück. Doch inzwischen hat es sich weit besser eingebürgert als das Original.

Öl – das wohl gesündeste Speiseöl stammt aus Hanfsamen, enthält Gamma-Linolen-Säuren und ungesättigte Fettsäuren, die es so besonders wertvoll für den menschlichen Körper machen.

Pestizide, also Unkrautvernichter, braucht der Hanf beim Anbau nicht. Das würde z.B. den US-Verbrauch dieser extrem umweltschädlichen Chemikalien um 50 % senken.

Psychoaktiva – THC ist der psychoaktive Stoff des Hanfs, das Rauschmittel also. Die Wirkstoffe sitzen in allen Pflanzenteilen , am höchsten konzentriert in Blättern und Blütenständen. Der Samen enthält keine rauscherzeugenden Wirkstoffe.

Röste – Die Bezeichnung für ein Verfahren zur biologischen Fasergewinnung. Mittels Bakterien und Pilzen werden die Lamellen des Hanfstengels aufgelöst, um an die Fasern zu kommen.

Samen von Cannabis enthalten lebenswichtige Mineralien, Öle und Vitamine. Zu verwenden in Müsli oder zerstampft als Brei. In gerösteter Form sind sie zum Knabbern im Angebot.

Schäben – Bei der Fasergewinnung anfallende holzige Splitter, die in der Bauwirtschaft Verwendung als Dämmaterial finden.

Tetrahydrocannabinol (THC), der Hauptwirkstoff bei der Rauscherzeugung durch Marihuana, ist besonders konzentriert im Harz, also im Haschisch, vorhanden.

Viehfutter von besonders hoher Qualität (sehr viele Proteine) ergibt der Preßrückstand von Hanfsamen nach der Ölgewinnung.

Die Zellulose des Hanfs, also der Zellstoff, ist als Rohstoff in der Industrie wieder gefragt (besonders in der Papierherstellung und der Kunststoffherstellung).

139

Bezugsquellen

Versand über:

HanfHaus Berlin
Waldemarstraße 33
10999 Berlin
Tel.: 030/614 98 84

HanfHäuser in:

HanfHaus Chemnitz
Tschaikowskystraße 52
09130 Chemnitz
Tel.: 03 71/401 18 91
Fax: 03 71/401 18 91

HANF und nature,
Hamburg
Tel.: 040/38 61 96 22

HanfHaus Hamburg
Eppendorfer Weg 1
20259 Hamburg
Tel.: 040/430 86 76
Fax: 040/430 86 96

Hanse Hanf O'Well
Tumerstraße 14–16
20357 Hamburg
Tel.: 040/4 30 54 90
Fax: 040/4 30 53 99

Vijaya
Ringstraße 46
24103 Kiel
Tel.: 04 31/67 54 08
Fax: 04 31/54 82 09

Grashaus
Die Hanfboutique
Gökerstraße 91a
26384 Wilhelmshaven
Tel.: 044 21/99 32 88
Fax: 044 21/99 32 30

HanfHaus Hannover
Am Marstall 17
30159 Hannover
Tel.: 05 11/32 24 57
Fax: 05 11/963 87 20

HanfHaus Düsseldorf
Mühlenstraße 10
40213 Düsseldorf
Tel.: 02 11/323 79 22
Fax: 02 11/323 79 18

HanfHaus Köln
Brüsseler Straße 31
50674 Köln
Tel.: 02 21/240 00 06
Fax: 02 21/760 96 58

HanfHaus Frankfurt
Bergstraße 87
60316 Frankfurt/Main
Tel.: 069/43 86 34
Fax: 069/43 86 53

HanfHaus Heidelberg
Hauptstraße 35
69117 Heidelberg
Tel.: 062 21/109 29
Fax: 062 21/18 13 16

HanfHaus Stuttgart
Olgastraße 57
70182 Stuttgart
Tel.: 07 11/236 86 43
Fax: 07 11/236 86 45

HanfHaus Reutlingen
Weingärtner Straße 27
72764 Reutlingen
Tel.: 071 21/33 92 23
Fax: 071 21/33 92 27

HanfHaus
Schwäbisch Gmünd
Hauffstraße 2
73525 Schwäbisch Gmünd
Tel.: 071 71/378 28
Fax: 071 71/377 55

HanfHaus Freiburg
Günterstalstraße 20
79100 Freiburg
Tel.: 07 61/707 00 69
Fax: 07 61/749 72

HanfHaus Regensburg
An der Schierstadt 1
93059 Regensburg
Tel.: 09 41/89 46 53
Fax: 09 41/89 46 28

hempysshop
Koppgasse 10
94315 Straubing
Tel.: 094 21/225 55
Fax: 094 21/225 56

THC-The Hanf Company
Bezugsquellen für Texti-
lien zu erfragen unter:
Tel.: 022 44/63 30 oder 75 47
Fax: 022 44/809 84

Hess Naturtextilien-
Versand
Postfach
35504 Butzbach
Tel.: 01 80/535 68 00
Fax: 01 80/535 68 08

Österreichisches
Hanf Institut
Dürergasse 3/4
A-1060 Wien
Tel.: 00 43/1/5 86 94 41

HanfHaus Zürich
Spitalgasse 8
CH-8025 Zürich
Tel.: 00 41/1/252 41 70/77
Fax: 00 41/1/252 41 71

Sonstige Läden:

Grow In Berlin
Kaiserin-Augusta-Allee 29
10553 Berlin
Tel.: 030/344 36 42
Fax: 030/344 36 52

Gras Grün
Curvystraße 34
10997 Berlin
Tel./Fax: 030/611 31 90

Grashaus
Gökerstraße 91 a
26384 Wilhelmshaven
Tel.: 0 44 21/99 32 88

HANF-Laden BS
Fallerslebenstraße 29
38100 Braunschweig
Tel.: 05 31/150 11
Fax: 05 31/150 15

Grow Shop
Wuppy Hemp Pecker
Uellendahler Straße 107
42109 Wuppertal
Tel./Fax: 02 02/75 41 89

Headshop Neardark
Brückstraße 56
44135 Dortmund
Tel./Fax: 02 31/57 75 10

Dülger Bazar
Südring 16
44787 Bochum
Tel.: 0234/68 23 15
Fax: 0234/146 72

H & G Shop
Eigenstraße 67a
47053 Duisburg
Tel.: 02 03/66 78 89
Fax: 02 03/699 58

Bangi
Marktplatz 12
66424 Homburg
Tel.: 068 41/15 02 41
Fax: 068 41/15 02 57

Ganja – Home Grow Shop
Hempery
Goethestraße 15a
67063 Ludwigshafen
Tel.: 06 21/51 52 22
Fax: 06 21/51 52 23

bantam!
Vordere Schmiedgasse 14
73525 Schwäbisch
Gmünd
Tel.: 071 71/380 92
Fax: 071 71/688 31
http://www/bantam.be

Hanf Dampf (Einzel-
und Großhandel)
Kupfergasse 8
73728 Esslingen
Tel.: 0711/35 44 75
Fax: 0711/35 44 65

H. A. M. P.
Lundtoft Bygade 6a
DK-6200 Aabenraa
Tel.: 00 45/20/96 96 05
Fax: 00 49/4 61/273 74

Hanf-Naturkosmetik:

HA-Naturkosmetik
Esmarchstraße 82
22767 Hamburg
Tel.: 040/38 87 43
Fax: 040/38 87 62
(Pflegeserie: Vero Verde)

Bangi-Kosmetikvertrieb
Nature Culture
Marktplatz 12
66424 Homburg
Tel.: 068 41/15 02 41
Fax: 068 41/15 02 57

Nektar Naturkosmetik
Weberstraße 6
A-3300 Amstetten
Tel.: 00 43/74 72/6 50 30
Fax: 00 43/74 72/65 03 04

Impressum

© 1996 W. Ludwig Verlag in der Südwest Verlag GmbH & Co. KG, München 2., verbesserte Auflage 1997 Alle Rechte vorbehalten.

Nachdruck – auch auszugsweise – nur mit Genehmigung des Verlages.

Konzept und Realisation:
Livingston Media, Matthias Müller-Michaelis, 20459 Hamburg
Redaktion:
Silke Weidner
Projektleitung:
Sandra Klaucke
Redaktionsleitung:
Dr. Reinhard Pietsch
Bildredaktion:
Sabine Kestler
Umschlag:
Hempel/Langkau, München
Graphisches Konzept:
Dr. Alex Klubertanz
DTP/Satz:
Tina Kortner
Produktion:
Manfred Metzger
Druck und Bindung:
Westermann Druck Zwickau GmbH

Printed in Germany
Gedruckt auf chlor- und säurearmem Papier

ISBN 3-7787-3544-6

Bildnachweis

AKG, Berlin: 13, 38, 43, 87, 91, 94; Bavaria, München: Titelbild (Fond) (Panoramic Images); Bilderberg, Hamburg: 5 (Hans-Jürgen Burkard), 30 (Stefan Enders), 32 (Walter Schmitz), 77 (Milan Horacek); Das Fotoarchiv, Essen: 28 (Eva Brandecker), 35 (Dirk Eisermann), 46 (Michael Schwerberger), 72 (Henning Christoph), 121 (Bernhard Nimtsch), 130 (Martin Sasse); HA-Naturkosmetik, Hamburg: 123; HanfHaus, Berlin: 8, 20, 23, 40, 102, 104, 108, 124, 126; IFA-Bilderteam, München: 18 (Oertel), 27 (F. Prenzel), 59 (Comnet), 81 (Haigh); Okapia, Frankfurt: 69 (Hans Reinhard); Tony Stone, München: Titelbild (Einklinker) (U. Spiegel); Transglobe Agency, Hamburg: 11 (Klaus Tiedge), 36 (R. Benzi), 45 (Farrell Grehan), 56 (Reporters), 116 (Jerrican), 119 (R. König); Visum, Hamburg: 96 (Thomas Cojaniz); Wildlife, Hamburg: 115 (G. Czepluch); Wuillemet, Sascha, München: 50.
Zeichnung auf Seite 48: Gisela Dürr, München

Über die Autoren:

Horst Sagunski, Jahrgang 1958, gründete das erste HanfHaus in Deutschland – das HanfHaus Hamburg – und war dort Geschäftsführer. Sein Anliegen ist es, der breiten Öffentlichkeit die Vielseitigkeit und die positiven Eigenschaften der Hanfpflanze und der aus ihr gewonnenen Produkte näherzubringen.

Eva-Susanne Lichtner, Jahrgang 1960, war Mitarbeiterin des HanfHauses Hamburg. Ihr Arbeitsschwerpunkt liegt im textilen Bereich, wobei ihre Arbeit zeigt, daß Mode und Ökologie sich durchaus vereinbaren lassen.

Corinna Hembd, Journalistin, engagiert sich für die Verbreitung und anwenderfreundliche Weiterentwicklung von Hanf und den daraus gewonnenen Produkten.

Hinweis:

Das vorliegende Buch ist sorgfältig erarbeitet worden. Dennoch erfolgen alle Angaben ohne Gewähr. Weder Autoren noch Verlag können für eventuelle Nachteile oder Schäden, die aus den im Buch gemachten praktischen Hinweisen resultieren, eine Haftung übernehmen.

Register